Les passions dangereuses

Guillaume Le Blanc

Les passions dangereuses

Albin Michel

À Alain, écrivain, mon père

« Être soi-même l'artisan de son malheur ;
se déchirer le cœur de ses propres mains ;
et tandis qu'on souffre ces douleurs insupportables,
sentir à chaque instant
qu'on peut les faire cesser d'un mot. »

Choderlos de Laclos

Introduction

Pour une nouvelle philosophie des passions

La litanie de l'insatisfaction

Vous êtes colérique malgré vous ? Vous êtes envieux de la vie des autres ? Vous remettez au lendemain ce que vous devez faire aujourd'hui et vous ne savez pas comment lutter contre votre paresse ? Vous mentez, et souvent pour des broutilles ? Vous sentez monter en vous la haine et vous n'arrivez pas à la refréner ? Vous manquez de courage et vous vous sentez gagné par la lâcheté sans savoir quoi en faire ? Quand vous parlez, vous dérapez inévitablement vers le ressentiment et vous en voulez à la terre entière ? Vous ne parvenez pas à ne pas être jaloux ? Vous basculez de l'envie à la jalousie, de la jalousie à la haine ? Parfois vous avez peur sans raison ? Vous êtes tout cela à la fois, à des degrés variés, dans des proportions différentes ? Vous vous en voulez d'être colérique, jaloux, lâche, de mentir, d'être violent, envieux ? Vous vous dites que quelque chose ne va pas en vous et qu'il vous faut absolument changer ? Vous ne parvenez pas à changer même si vous essayez et cela vous met en rage ? Vous devenez triste sans la moindre possibilité de vous réconcilier avec vous-même ? Vous ne savez plus comment vous en sortir ? En somme, vous êtes perdu ? Bienvenue dans le monde des passions dangereuses, celles qui, littéralement, nous rongent, nous empêchent de bien vivre, nous rendent éternellement insatisfaits.

Ces passions ont toujours été présentes, même si chaque époque les redéfinit en fonction de ses propres tourments. Étymologiquement, la passion désigne un état de souffrance dû à une expérience de la passivité dans laquelle, pourtant, on demeure acteur à défaut d'en être l'auteur. Les religions, les morales et les philosophies, depuis l'Antiquité et dans les différentes aires géographiques du monde, se sont employées à les nommer pour les juguler, les contrôler, les éradiquer. Qu'elles les aient appelées péchés capitaux dans la religion catholique, péchés majeurs et mineurs dans la religion musulmane ; qu'elles en aient décrit les différents maux, luxure, rage, colère, cupidité, avidité matérielle, fierté comme dans le bouddhisme ; qu'elles les aient affublées du titre peu envié de passions, toutes ont voulu chaque fois signifier les vices individuels pour nous en écarter et nous rapprocher de la vertu. À chaque religion, à chaque philosophie, de nous donner sa définition de la vraie vie. Une médecine de l'âme s'est construite au carrefour de ces trois nappes de discours formant le vade-mecum des conduites humaines à honorer[1].

L'hypothèse de ce livre tient sur une interrogation : Et si c'était la société qui nous rendait ainsi ? Si, au lieu de nous accuser, de nous flageller, car notre façon d'exister nous rend tristes, nous nous efforcions de comprendre pourquoi nous sommes enclins socialement aux passions dangereuses afin, par une exacte compréhension de ces passions, de nous en libérer ? Le philosophe Spinoza, auteur, au XVIIe siècle, d'une célèbre *Éthique*, affirmait ne pas vouloir « railler, ne pas déplorer, ne pas détester mais comprendre[2] ». La compréhension est une connaissance et seule la connaissance de ces passions s'avère être une arme utile.

Telle est l'ambition de ce livre : dessiner une interprétation sociale des passions dangereuses et délivrer l'ordonnance pertinente du mal qui nous accable. Ce n'est pas un petit traité des grands vices mais bien davantage un essai sur la litanie de l'insatisfaction contemporaine qui nourrit le bruit de fond de nos sociétés et nous empêche de vivre mieux.

Mais cela nous oblige alors à revenir sur ce que l'on entend par passion. En règle générale la passion désigne l'état affectif et intellectuel d'une personne engendré par une inclination tellement puissante vers un objet que la personne passionnée s'y attache de façon exclusive et obsessionnelle. Elle renvoie le plus souvent à un vécu individuel dans la relation à une autre personne. L'une des surprises théoriques du livre est d'affirmer le fait que la passion n'est jamais solipsiste, qu'elle n'est même pas non plus le drame de la vie à deux. Car elle est toujours une construction sociale qui entre dans les désirs individuels et les refaçonne de façon significative. Et comment pourrait-il en aller autrement tant la passion agence les désirs individuels et les formations sociales dominantes, tant elle emprunte au monde social des éléments qui finissent par être essentiels à nos désirs ? Le désir n'est pas branché sur un manque qu'il s'emploierait à remplir, selon Deleuze et Guattari[3]. Il est un agencement d'éléments multiples. Cela semble être davantage le cas encore des passions humaines. Elles sont des ensembles hétéroclites façonnés par nos assises sociales.

Critique des modèles de la psychologie et de la philosophie morale

D'où nous vient le sentiment que nous sommes, chaque jour, entravés par des émotions négatives qui nous paralysent et nous poussent vers des chemins non désirés ? D'où nous vient le sentiment que nous ne menons pas la vie que nous désirons avoir, qu'elle nous échappe ? C'est comme si c'était plus fort que nous ou plutôt comme si nous nous montrions toujours trop faibles au regard des situations et des événements qui nous pressent et qui réclament une solution. Pourquoi faisons-nous ainsi fausse route alors que le cap semble clair ? Pourquoi voyons-nous avec une évidence certaine que la jalousie ne mène à rien, que le mensonge fait mal aux autres mais aussi à soi-même, que la colère nous aveugle et nous rend malheureux, que le ressentiment nous dévore alors que, pourtant, nous reproduisons nos conduites aveuglément dès qu'une nouvelle occasion se présente ? Les réponses à ces questions ont été jusqu'à présent de deux natures : psychologique et morale. Elles ont été formulées par la psychologie grâce à la théorie de la répétition des scénarios de vie, et par la philosophie en attirant notre attention sur nos manières d'être éthiques.

Selon la psychologie d'orientation cognitive, nous répondons aux premiers traumas de nos existences par des scénarios que nous ne cessons de valider en les répétant dès qu'une occasion voisine se reproduit alors même qu'ils nous conduisent à une impasse. Le menteur est celui qui a menti une première fois et qui est tenté de relancer le mensonge une seconde fois, non parce que celui-ci lui a permis de réaliser un « gain » véritable mais parce qu'il s'est imposé comme une solution provisoire. Le coléreux réitère la colère, non parce qu'elle lui réussit mais parce qu'elle est une solution à portée de main déjà usitée. Il en va de même de toutes les passions négatives. Peu importe de savoir si nous réussissons mieux grâce à elles ; l'essentiel est qu'elles s'imposent dans notre « psyché » du fait même qu'elles sont apparues une première fois. Jean Cottraux insiste sur la difficulté d'enrayer la « répétition des scénarios de vie ». Plus un scénario se répète, plus il devient difficile de l'expulser de notre vie mentale et plus nous y avons recours quand nous rencontrons un obstacle que nous jugeons, à tort ou à raison, proche de celui qui a été à l'origine de notre premier scénario[4]. Certes tous les scénarios ne sont pas inadéquats puisque certains, souvent même, fort heureusement, sont construits en connaissance de cause et s'imposent avec justesse dans le genre de conduite à tenir. Si, lors d'une situation embarrassante, l'on se retrouve acculé à dire la vérité au lieu de mentir, et si en la disant nous réglons la difficulté de façon satisfaisante à nos yeux, il est certain que nous serons tentés de nous conduire de façon identique lors de situations éprouvées comme analogues. Plus la vérité est répétée comme réponse à une situation délicate, plus elle s'impose comme norme future de la conduite à tenir. Ce qui vaut pour la vérité vaut aussi pour le mensonge et rien ne permet de garantir, par avance, la frontière en se situant seulement du côté de la vérité. Selon cette orientation psychologique, le problème est donc double. D'une part, il s'agit de se demander comment préserver et privilégier dans l'éducation les bons scénarios afin de garantir une telle frontière. D'autre part, il s'agit de s'interroger sur la possibilité de ne pas répéter les mauvais scénarios une fois que les mauvaises trajectoires ont été prises. Ces deux difficultés portent l'une et l'autre sur la possibilité du conditionnement et du déconditionnement. Comment conditionner quelqu'un à être sur la bonne route et, le cas échéant, le déconditionner afin qu'il quitte la mauvaise route ?

Selon la philosophie morale, il nous revient de porter attention à nous-mêmes, de nous prendre nous-mêmes comme objet de réflexion si nous voulons vivre mieux. La philosophie s'est donnée comme mission, au moins en Occident et depuis Socrate, de nous faire revenir à nous-mêmes sous la forme d'un appel au « souci de soi », à la « conversion à soi[5] ». Ces éléments de philosophie première sont régulièrement rappelés depuis l'Antiquité gréco-romaine et traversent toute l'histoire de la philosophie. L'adage de John Stuart Mill, le penseur utilitariste du XIXe siècle, selon lequel il vaut mieux être un « être humain insatisfait qu'un pourceau satisfait, un Socrate insatisfait qu'un imbécile satisfait[6] », renvoie à la phrase de Platon qui fait dire à Socrate qu'« une vie sans examen ne vaut pas la peine d'être vécue[7] ». La boucle est miraculeusement bouclée et se noue de la plus délicate des manières à l'âge classique sous la forme d'une éthique nécessaire afin de nous améliorer. Dans ce registre, deux éléments sont mis en avant : le problème de la faiblesse de la volonté et celui des inclinations négatives. La faiblesse de la volonté est analysée par Aristote, elle réapparaîtra avec

Descartes : voyant le bien je fais le mal, alors même que je veux faire le bien. Dans un registre voisin mais distinct, il peut sembler que ce sont nos envies, appétits, désirs sensibles qui nous égarent au point de nous faire croire que le vrai bonheur réside dans une somme de plaisirs sensibles plutôt que dans un bien véritable. Les stoïciens ont été prompts, à la suite de Socrate, à dénoncer cette vanité de la course folle aux plaisirs, au pouvoir, aux apparats, qui nous détournent de l'essentiel et surtout de nous-mêmes. Oubliant la voie que nous désirions prendre, soit par faiblesse de la volonté, soit par inclination sensible, nous nous égarons et ne savons plus qui nous sommes. Face à ces égarements en rase campagne, la philosophie se fait fort de nous rappeler à nous-mêmes et de nous exhorter à nous endurcir par des pratiques régulières afin que nous nous améliorions et repartions sur des trajectoires que nous avons réellement désirées. Une médecine de l'âme reste donc à inventer.

Il n'est pas question, pour le moment, de pousser plus loin l'analyse, mais seulement de faire remarquer que ces deux lectures des passions négatives ont en commun de nous situer en état d'apesanteur sociale. Elles partent, l'une et l'autre, de la conviction que la société n'a rien à voir avec nos égarements, car s'il dépend de nous d'avoir opté pour de mauvaises passions, il dépend également de nous de pouvoir revenir, avec l'aide du psychologue ou du philosophe, sur la route initiale. En somme, la psychologie et la philosophie considèrent l'une et l'autre, et par deux voies différentes, que l'épanouissement personnel reste l'affaire des seules personnes concernées. L'une et l'autre s'accordent sur le fait que la possibilité de mener une bonne vie ne dépend en aucun cas du monde dans lequel nous nous trouvons, puisqu'il n'est que le réceptacle de nos actions.

Anatomie des passions négatives

Nous avons besoin d'un nouvel art de vivre capable de nous dire comment nous affranchir des passions négatives qui dévastent notre vie quotidienne et nous rendent tristes. Cela peut être le rôle de la philosophie à la condition qu'elle emprunte de nouvelles voies. Traditionnellement, cette dernière a situé les vertus au miroir des vices qu'elle s'est empressée de condamner en cherchant à nous enseigner le chemin de la vertu. Cette présentation philosophique a pu laisser croire qu'il dépendait seulement de nous d'être vertueux ou vicieux. La philosophie a ainsi enseigné comment parvenir au bonheur en recourant à une éthique. Elle a eu alors tendance à nous faire croire qu'il s'agissait là d'un conflit purement intérieur sans analyser les influences sociales qui nous exposaient aux passions négatives. Ce faisant, elle a déployé un raisonnement moral et psychologique sur les raisons individuelles de vivre une vie vertueuse en cherchant à nous libérer de nos vices cachés sans nous donner la possibilité de comprendre en quoi de tels vices sont entretenus socialement et forment des passions particulièrement dangereuses.

Ce livre veut rompre avec une telle tradition.

Il se conçoit comme un petit traité des passions dangereuses et a pour ambition de nous les faire mieux comprendre afin d'ouvrir d'autres chemins d'existence. Pour cela encore faut-il connecter la psychologie individuelle des passions dangereuses aux mécanismes sociaux qui les galvanisent – c'est la démarche que souhaite entreprendre ce livre. Chacun de ses huit chapitres se conçoit comme l'anatomie d'une passion dangereuse : paresse, lâcheté, mensonge, envie, jalousie, peur, haine, ressentiment. Ce sont là les huit passions dangereuses cardinales qui diminuent l'estime morale d'une personne en la faisant entrer dans une relation toxique aux autres. Les passions dangereuses sont cependant bien davantage que des vices moraux qu'il faudrait condamner absolument dans la mesure où, comme toute passion, elles fournissent une raison de vivre impérieuse en colorant l'existence du passionné au point de lui rendre sa passion indispensable. Ce ne sont donc pas tant des défaillances de notre personnalité que des manières d'être largement suscitées et encouragées par le monde social dans lequel nous vivons.

Comment pouvons-nous ne pas sombrer dans les passions dangereuses, nous laisser gouverner par elles ? Ce livre se propose de disséquer chaque passion dangereuse afin de mieux nous rendre attentifs aux moyens de lutter contre elles. Il veut nous offrir des prises, des saillies pour nous battre à armes égales contre ces passions qui nous terrassent.

Une leçon de philosophie sociale : le syndrome de Gregor

Encore faut-il pour cela les comprendre dans toute leur épaisseur sociale. C'est là qu'il faut opposer à ces deux précompréhensions psychologiques et philosophiques des passions dangereuses la leçon de la philosophie sociale. Cette désignation demeure trop générale mais elle permet de souligner l'importance du raisonnement social dans la compréhension de nous-mêmes[8]. Plutôt que d'en restituer les tours et contours, je souhaite en ressaisir l'épure depuis la fable littéraire de Kafka, *La Métamorphose*. Un pauvre être se débat au réveil d'une nuit agitée, car il a été métamorphosé en cafard. Comment atterrir en tant qu'humain lorsque l'on est ainsi transformé ? Gregor Samsa, c'est son nom, tente, aux premiers instants de son réveil métamorphique, de faire bonne figure et pense qu'il peut retrouver son ancienne apparence. Tous ses efforts ne font cependant qu'ajourner le drame, et maintenir une issue illusoire alors qu'il n'y en a déjà plus. Le verdict familial tombe en même temps que le verdict social. Gregor Samsa n'a plus forme humaine, il est un rebut qui doit être éliminé, car il met en danger la cohésion de la famille et de l'entreprise qui l'emploie. Tandis que Kafka suit très clairement le parcours qui mène Gregor Samsa à la mort, dans un registre proche de celui du *Procès*, il laisse indéterminées les raisons de la métamorphose. D'un côté la mort de Gregor est vécue à l'instar de la mort de Joseph K. comme la conséquence ultime du verdict social. D'un autre côté, le fait de la métamorphose de Gregor en cafard, comme celle de Joseph K. en coupable, là aussi à son réveil, n'est jamais interrogé. Il est le *fiat lux* d'où tout procède sans qu'aucune explication ne soit donnée par l'auteur. Gregor et Joseph ont en commun d'être des métamorphosés désireux de récupérer leur ancienne vie mais incapables d'y parvenir. Ils éprouvent tous deux la fin de l'insouciance et la honte d'avoir été métamorphosés. Pour preuve l'ultime phrase du *Procès* qui résonne comme le râle du mourant que l'on exécute : « "Comme un chien", dit-il, et c'était comme si la honte dût lui survivre[9]. »

La survie de la honte peut s'expliquer comme la conséquence ultime de celui qui n'a pas réussi à prouver son innocence et dont toute la vie jusqu'à l'exécution finale restera alors marquée par le verdict social de la culpabilité. Elle est pour ainsi dire ce qu'une société retient d'un individu qui aura été perçu comme déviant. La honte est alors l'affect incorporé au métamorphosé qui se détache de lui au moment de sa mort pour lui survivre jusque dans l'infâme renommée dont il sera l'objet après sa vie. Dans un registre très proche, Gregor a honte d'être devenu ce métamorphosé qu'il réprouve mais il ne parvient pas à effacer cette honte. Pire : c'est cette honte attachée à son existence animale qui le déshumanise et rend concevable le verdict de la société – sa mise à mort.

D'où vient la honte du métamorphosé ? Sans aucun doute du fait d'avoir perdu la forme humaine dans laquelle il s'appréhendait et était reconnu par les autres. Mais cette honte, pour exister sur le plan psychique aux yeux du métamorphosé, surgit comme une « honte d'avoir honte ». Lorsque Jacques Cormery pénètre pour la première fois dans le lycée du centre d'Alger avec son ami Pierre, à l'âge de douze ans, il a le sentiment que ce monde du lycée n'est pas le sien, qu'il est un imposteur, comme son ami Pierre ; et tandis qu'il doit remplir la mention « profession de la mère », et alors que Pierre lui dit que le terme « ménagère » ne convient pas et qu'il faut le remplacer par celui de « domestique », écrivant ce mot pour la première fois sur le papier, Jacques a brusquement honte et cette honte se redouble en honte d'avoir honte : « Jacques se mit à écrire le mot, s'arrêta et, d'un seul coup, connut la honte et la honte d'avoir eu honte[10]. » Il faut remarquer que la honte surgit avec la conscience de la métamorphose. C'est à l'exact moment où il s'éprouve comme un enfant déclassé socialement, métamorphosé en être socialement inférieur, qu'il a honte et que cette honte se redouble en honte d'avoir honte. Car autant la honte est liée au sentiment que le monde social de Jacques n'est pas le monde socialement autorisé, autant la « honte d'avoir eu honte » s'éprouve comme le sentiment d'être placé dans l'obligation de devoir trahir son propre monde et sa famille pour intégrer l'univers des autres. Le métamorphosé est alors le déshumanisé dans son propre monde, contraint de déshumaniser son monde pour pénétrer dans le monde des autres.

La leçon de Camus rejoint celle de Kafka : le métamorphosé est le traître par excellence. Il a quitté sa forme de vie antérieure et s'éprouve comme traître à l'égard de son ancienne vie. Mais il n'a pas, pour autant, rejoint une autre forme de vie dont il pourrait se revendiquer et flotte par conséquent sans aucune justification.

De quoi la métamorphose est-elle alors le signe ? N'est-ce pas parce que la vie de Gregor Samsa est devenue une mauvaise vie, une vie-survie, d'exténuation au travail, de sacrifice pour ses parents, pour sa famille, pour son patron, que Gregor finit par ne plus se reconnaître du tout dans le genre de vie qui est la sienne et bascule alors dans le genre de vie qui ne vaut plus la peine d'être vécue, un genre d'existence proche à ses propres yeux de l'état de vermine ? Plus radicalement encore, n'est-ce pas parce que Gregor ne parvient plus à loger dans l'état social du représentant de commerce qu'il se vit comme un monstre ? Un monstre est d'abord quelqu'un perçu comme tel. Ses parents et son employeur le perçoivent comme une bête aux accents incompréhensibles, sa sœur même en vient peu à peu à l'idée que Gregor n'est plus Gregor, mais un monstre, perçu comme tel et qui finit par consentir à l'état de monstruosité défini par les autres. Là semble résider l'acquiescement de Gregor à sa propre mort. Peut-être Gregor n'est-il une vermine que pour autant qu'il est perçu comme telle par les autres.

La métamorphose n'est pas une anormalité, elle est la transformation sociale quasi mécanique d'un sujet qui ne se reconnaît plus dans la vie qui est la sienne, qui ne la désire plus et qui est désormais un étranger à ses propres yeux. Là réside le syndrome de Gregor. Son allure n'est plus la sienne et il ne parvient plus à faire face. Il est un mutant qui ignore les raisons profondes de sa mutation. Certes Kafka donne créance à la capacité perceptive de l'environnement immédiat de Gregor – famille, patron – de repérer en quoi Gregor est devenu un être dissemblable. Mais il importe de remarquer que, pas une seule fois, dans le récit de Kafka, nous ne sortons à proprement parler de la récitation et de la perception de Gregor. Tout est appréhendé par le filtre de sa narration. Quand Kafka nous dit que Gregor se « trouva transformé en cafard au sortir d'une nuit agitée », cette narration ne prend consistance que parce que Gregor l'accrédite. Dès lors, c'est bien son insatisfaction radicale qui est à l'origine du sentiment, erroné ou non, qu'il est une vermine.

Ce raisonnement établit l'argument suivant : les passions négatives que nous répétons de façon compulsionnelle dans nos existences, et qui sont en rapport avec l'état d'insatisfaction où nous nous trouvons d'exister d'une manière non désirée et auxquelles sont prompts à s'opposer par des voies différentes les philosophes et les psychologues qui construisent des magistères abstraits sur les lacunes existentielles, naissent en réalité des situations sociales dans lesquelles nous sommes plongés et malmenés au point d'être métamorphosés par elles. La société a ce pouvoir de nous dénaturer et de nous introduire dans un genre de vie non désiré qui nous laisse au milieu du gué, en position intermédiaire entre celui que nous désirions être et que nous ne sommes plus et celui que nous sommes devenus et que nous ne désirons pas être. C'est la leçon de Kafka. Alors nous risquons d'évoluer conjointement dans la rage, la colère, la violence, la peur. Les passions négatives ne sont pas nécessairement des états mentaux ou des défaillances psychologiques de sujets affaiblis dans leur volonté ou leurs inclinations. Elles sont également les conséquences des contorsions sociales dans lesquelles sont placés celles et ceux qui, pour survivre dans le monde social, sont obligés de renoncer à la forme de vie rêvée, se vivent amputés, amoindris et métamorphosés.

L'époque des passions dangereuses

Nous sommes gouvernés par les passions dangereuses. Ce sont elles qui dictent nos conduites, bien plus que les passions joyeuses, mais nous ne sommes pas tristes par nous-mêmes. C'est le monde dans lequel nous vivons qui nous rend tristes. Alain Ehrenberg avait diagnostiqué, juste avant l'an 2000, la fatigue d'être soi[11]. L'insomnie, l'anxiété, l'inhibition étaient pour lui autant de symptômes rencontrés dans la vie quotidienne et s'apparentant à la dépression. C'était là, selon l'auteur, que résidait l'envers d'une société qui valorisait la responsabilité et l'initiative jusqu'à l'angoisse de la panne.

Nous basculons aujourd'hui dans un nouvel âge, non pas celui de la fatigue d'être soi mais celui de la tristesse d'être soi[12]. L'irritabilité, l'agressivité, l'impression d'être invisible, de n'être reconnu par personne sont les symptômes éclatants d'une généralisation de la tristesse par laquelle les passions négatives de la colère, de la jalousie, de la violence s'expriment et finissent par former le monde intérieur d'une personne. « Tout le monde a un ennemi à l'intérieur de soi[13] », affirme Amélie Nothomb. Mais cet ennemi intérieur ne naît pas spontanément, il est cultivé, développé par tout un mode de gouvernement des sujets à l'âge du néolibéralisme.

Il faut faire l'histoire de cette tristesse et comprendre qu'elle n'a rien d'anecdotique ni de personnel puisqu'elle tend à être le nouveau mode d'être des sujets contemporains dans la mesure où ils sont placés dans la nécessité de se réaliser alors qu'ils sont soumis à toujours plus de dispositifs et qu'ils peinent à mettre la main sur leurs désirs tant ces derniers sont falsifiés par leur démultiplication même.

Le gouvernement des passions dangereuses est à la fois individuel et collectif. Ce sont les passions collectives de la tristesse qui, lorsqu'elles se coalisent, forment une multitude ingouvernable et pourtant gouvernée. Le nouveau paradoxe politique est ici cerné. Celles-ci fournissent à l'être humain l'occasion d'entrer dans un univers infini de la plainte, qui peut être exploité ad nauseam par des gouvernants.

Chapitre I

La paresse

Interprétation vitale

La première passion dangereuse est la paresse tant elle instille un esprit qui se retourne contre la vie en la tenant à distance, refusant de l'embrasser à force d'ajourner tout ce qui surgit en elle. Remettre au lendemain ce que l'on devrait faire le jour même peut s'avérer pourtant être un art très utile. Parce que la terreur qui survient face à l'urgence de la tâche à accomplir sans délai est atténuée en étant reportée au lendemain. En étant ajourné, le choix de l'action peut s'avérer plus clair et perdre dès lors son caractère dramatique. Ajourner est ainsi une façon de ne pas enfermer sa vie dans le péril d'une seule journée : il y va de la possibilité même de se donner du temps, de composer un art de vivre qui est art de différer, relais de jour en jour, apprivoisement de la nouveauté, composition d'une durée. Là où l'urgence nous emporte dans la peur de ne pas y arriver, nous fait imaginer le pire, la paresse est un relâchement. La terreur frappant la personne qui redoute d'aller chercher un recommandé à la poste par crainte d'une mauvaise nouvelle est atténuée quand elle s'y rend le lendemain, s'efface quand elle ne s'y rend pas. Demain sera un autre jour. La paresse est alors un filtre vital indispensable qui permet la temporisation, l'atténuation, l'euphémisation, sans lesquelles la psyché est assaillie fatalement et perd la santé. Elle est donc une médecine.

Elle devient cependant une passion dangereuse quand, d'aide à la vie, elle se retourne contre elle. Quand l'ajournement est *sine die*. Quand le report est sans terme. Quand la paresse finit par former le seul monde viable dans lequel le paresseux peut vivre. Qu'est-ce à dire sinon qu'elle est un danger quand elle forme système ? Comme toute passion dangereuse. La singularité de celle-ci est de vider l'action de toute positivité, d'être un néant d'action au cœur des actions humaines. La paresse devient alors l'action d'ajourner l'action. Ce qui la rend pernicieuse n'est pas tant qu'elle est abandon de toute velléité d'agir qu'action de l'inaction.

Un nom a été donné, procrastination, pour évoquer la tendance à remettre au lendemain ce qu'il faudrait pourtant faire aujourd'hui, mais surtout pour signaler qu'elle est système de vie, conception du monde. Le procrastinateur ne vit pas aujourd'hui mais demain ; mais demain, il vivra après-demain. Son drame n'est pas d'être en retard mais en avance d'un temps. Sans cesse attentif au futur, il ne peut plus être présent au présent. Devenant l'être irrésolu de toutes les résolutions, il siège dans un monde où rien n'a encore existé car tout est précisément à venir. Procrastiner reste cependant un art du présent : c'est à ce point *indéterminer* le présent en faisant entrer le futur pour imaginer sa réalisation que l'urgence de ce qu'il y a à entreprendre se dissout par magie : il n'y a presque plus de problème au présent puisque tout admet une résolution dans le futur.

Si la paresse peut s'avérer une passion utile car le report tranquillise l'esprit, la procrastination est toujours une passion dangereuse car elle constitue la première philosophie de la fatigue qui surgit dans la vie. Procrastiner, c'est ne plus croire qu'aujourd'hui peut changer le cours des choses, c'est penser fatalement que demain sera comme aujourd'hui et qu'il n'y a aucune raison de s'y mettre dès maintenant. Certes, toutes les tâches à entreprendre ne sont pas également *procrastinables.* Les activités ennuyeuses, ou peu motivantes ou peu récompensantes – comme remplir sa déclaration de revenus, s'acquitter de ses factures –, frustrantes, toutes celles qui apparaissent vides de signification personnelle comme toutes les actions les plus ordinaires dont la répétition émousse l'intérêt, ou celles dont l'issue est incertaine comme ces candidatures spontanées pour changer de métier que l'on ajourne sans cesse par peur de l'échec, créent le domaine propice de la procrastination – alors qu'il est rare que l'on suspende un plaisir convoité ou que l'on renonce à une action qui nous passionne. Le procrastinateur redoute le gris de la vie qui s'attaque à toutes les couleurs qui font la saveur des choses. En quel cas, ajourner devient le désir de persévérer dans la couleur et de ne pas se laisser griser.

La procrastination, cependant, finit par créer le voile dont une existence s'entoure pour ne plus rien faire. Elle est une façon de se soustraire à tous les reliefs du monde, une manière de ne plus rien éprouver. Dans la paresse, l'intention est alors dissociée de l'action car l'action ne parvient jamais à être suffisamment désirée pour adhérer à l'intention et lui donner un corps d'action propre. Le paresseux loge dans l'intention et abolit l'action, mais cette abolition est encore une action, l'action d'abolir l'action, et c'est en ce sens qu'elle est déjà plus qu'une intention.

Il existe des bénéfices évidents de la procrastination. Rien n'est jamais définitivement perdu car rien n'aura été véritablement tenté. L'espoir est permanent car rien ne pourra l'annuler puisqu'il ne sera jamais confronté au risque du démenti. Il y a deux versants de la paresse qui s'articulent l'un l'autre : l'inquiétude et l'optimisme. Il existe d'une part une inquiétude fondamentale : on ajourne parce qu'on a peur de ne pas être à la hauteur de ce que l'on doit réaliser. C'est souvent par manque de confiance que le paresseux se réfugie dans la paresse car elle seule lui fait voir la possibilité du succès en effaçant l'échec redouté de l'entreprise. Et il existe aussi, articulé à cette peur, un optimisme fondamental qui tient à la sensation qu'a le paresseux de disposer encore de toutes les cartes. En refusant d'entreprendre aujourd'hui, le paresseux maintient jouables et ouvertes toutes les options possibles. Il est pour ainsi dire, le temps de la paresse, le démiurge qui tient dans ses mains toutes les virtualités non encore réalisées et dont la réalisation de l'une impliquerait l'annulation de toutes les autres. Non seulement entreprendre demain n'est pas risquer d'échouer aujourd'hui, mais le maintien du futur non entamé par le présent offre seul la possibilité quasi divine de l'indétermination face à tous les choix dont la réalisation d'un seul serait négation de toutes les formes de vie liées aux autres choix. Le paresseux vit alors dans la virtualité d'un réel où tout est également compossible car rien n'aura encore été réalisé.

La paresse n'est plus alors la fêlure qui dissocie les actions des intentions. Elle n'est pas nécessairement la pathologie qui imprègne à ce point le sujet qu'elle le soustrait des actions qu'il doit pourtant mener. Elle admet également un versant mégalomane : se sentir l'équivalent de Dieu. Tant, en ajournant, il est encore possible de tout réaliser puisque le temps de l'action n'a rien déterminé et nié. Tant, en ajournant, il est encore possible de maintenir intacte la confiance de parvenir à son but un jour puisque ce jour n'a pas été sanctionné négativement.

Interprétation sociale

Des interprétations ont été données des causes de la procrastination. On a interprété cette dernière comme une pathologie neurologique en rapport à une dissociation du système limbique du cerveau et du système rationnel au profit de la part émotionnelle qui prendrait le dessus et brouillerait la cartographie des actions à tenir. On en a fait une conduite psychologique trouvant son origine dans l'amour de la routine que recherche le cerveau alors même que la nouveauté, pourtant désirée, est à ce point redoutée que les lampions émotionnels, mentaux, voire physiques, présents dans la psyché, s'éteignent un à un.

Ces interprétations neurologiques, biologiques, psychologiques sont insuffisantes et partiellement inexactes car elles ne rendent pas compte de la généalogie sociale de la paresse. Le paresseux donne à tort l'illusion qu'il vit dans un monde qui lui convient parfaitement à l'instar du personnage interprété par Philippe Noiret qui se sépare du monde et des autres, refuse tout travail et la productivité, en organisant toute sa vie dans son lit jusqu'à en mourir[1]. Son illusion d'autonomie implique cependant tout un affairement : pour pouvoir boire son vin et manger son saucisson dans son lit, il les descend de façon ingénieuse du plafond à l'aide de fils et de poulies. Le paresseux pour s'adonner à sa paresse doit malgré tout s'adonner au travail pour mieux pouvoir l'abolir. Le lit devient un monde à condition qu'il ait été fabriqué comme tel. Le paresseux est encore tributaire d'un procédé qu'il a lui-même mis sur pied.

En réalité, le paresseux ne s'appartient pas tant il est l'otage des dispositifs qui ravagent sa volonté et amplifient la désertion praxéologique. La paresse n'est plus alors l'art du paresseux, elle tend à être un « ethos » produit structurellement par la société, et en ce sens, elle représente la première passion dangereuse à laquelle toute existence, quelle qu'elle soit, est exposée. Loin de penser la paresse comme le choix du paresseux, il faut alors la rapporter à des causes sociales profondes qui nous éloignent de nos désirs, de notre vitalité et nous situent dans l'entre-monde de la désertion.

Nous vivons à l'âge des dispositifs. Par « dispositif », il faut entendre la totalité des artifices auxquels nous sommes exposés dans le cours de notre existence[2]. Le philosophe italien Giorgio Agamben en a proposé un diagnostic précieux et s'est demandé comment s'en affranchir : « J'appelle dispositif tout ce qui a, d'une manière ou d'une autre, la capacité de capturer, d'orienter, de déterminer, d'intercepter, de modeler, de contrôler et d'assurer les gestes, les conduites, les opinions et les discours des êtres vivants[3]. » Les dispositifs où se jouent désormais nos existences – du téléphone portable à la télévision, de l'ordinateur à l'automobile – ne se trouvent pas face à l'homme comme de simples objets de consommation. Ils transforment nos personnalités. La question devient alors : quelle stratégie devons-nous adopter dans le corps à corps quotidien qui nous lie aux dispositifs ?

Le terme de dispositif, tel qu'employé, est très intéressant car il suggère des appareillages multiples de différentes tailles et qui ont pour caractéristique d'entrer directement dans le corps et la psyché de la personne. Autant Michel Foucault employait ce terme pour désigner les lieux disciplinaires par lesquels un sujet était soumis à des normes et assujetti, c'est-à-dire poussé à se conduire de la façon exigée par l'institution disciplinaire[4], autant Agamben l'emploie dans un sens beaucoup plus volatil et ordinaire pour mettre en avant les foyers d'emprise en rapport avec les appareillages techniques. Il suggère que notre disposition existentielle est entièrement transformée par les artefacts au milieu desquels nous vivons car ceux-ci n'en restent pas aux limites de notre corps et de notre esprit mais pénètrent nos existences en les subjuguant. L'institution disciplinaire de Foucault est assujettissante :

elle invente les conduites requises par la discipline à l'instar de la discipline militaire ou de la discipline d'atelier qui produit le sujet soldat ou le sujet ouvrier. Le dispositif d'Agamben est subjuguant : s'y exerce une forme extrême d'emprise de soi qui rend toute possibilité de déprise quasi chimérique.

Il faut alors comprendre la paresse comme une adhésion sans limites aux dispositifs. Quoi de commun entre le téléphone portable, les présentations de soi sur les réseaux sociaux, l'exposition à Netflix, si ce n'est une très grande difficulté à s'en dégager, à en sortir, et même à s'en sortir hors de leurs périmètres d'action ? Si les appareils techniques ne pensent pas, conformément au mot célèbre de Heidegger[5], ils sont bien davantage que de simples mobiliers du monde moderne ou même des cadrages des actions humaines. Ils les refaçonnent entièrement depuis les exigences propres à l'exposition de soi à l'âge d'Internet[6]. Bernard E. Harcourt a montré comment les technologies numériques exploitent notre désir illimité d'accès immédiat et infini à tout. Il a souligné en quoi ce désir construit sa propre surveillance électronique.

Il est possible, sur ces bases, de comprendre la paresse autrement que comme un vice psychologique, une défaillance neurologique ou une manière d'être revendiquée. En réalité, une théorie sociale des passions dangereuses trouve là sa première accroche. Car nos sociétés mettent en culture (au sens de l'agriculture) la paresse, elles la font prospérer sur des terres particulières en nous faisant adhérer aux modes immédiats de l'exposition de soi tels que précédemment décrits. La paresse ne prend plus tant la forme d'une procrastination qui reporte au lendemain ce qui peut être fait le jour même que celle de la mobilisation d'un ego devant se référer de façon immédiate à lui-même. Elle n'est pas tant un ajournement qu'une pratique éphémère mais répétée de consommation. Elle n'est pas un futur à reporter indéfiniment mais un présentisme à honorer immédiatement dans la seule dévoration de l'instant.

Les dispositifs nous tiennent sous emprise car ils tendent à inventer un soi entièrement à disposition dans l'instant présent en le rivant frénétiquement à des flux d'images, vidéos éphémères, courtes narrations qui, couplés aux modalités de l'exposition de soi sur les réseaux sociaux eux-mêmes en lien avec les communautés d'amis qui leur donnent sens, entretiennent une manière d'être qui exclut un certain sens de l'effort.

Ce qui est à l'œuvre, ce n'est nullement une théorie générale de la paresse mais un séquençage grâce auquel il est absolument requis dans le capitalisme contemporain que la paresse des divertissements succède au temps de l'effort au travail. Ce séquençage, dont le diagnostic a été parfaitement mené par la théorie critique des philosophes de Francfort, Horkheimer et Adorno, est la condition de la mobilisation des sujets dans le néolibéralisme actuel.

Qu'est-ce alors que l'effort à l'âge des réseaux sociaux, de TikTok et des vidéos Snapchat ? N'y a-t-il pas dans ces formes de divertissement dilution de la volonté, exacerbation de l'instant présent où se rejoignent hédonisme de l'immédiateté et appel constant à la distraction ? D'un côté, il y a à prendre plaisir aux images, récits qui nous sont proposés en flux continu, mais d'un autre côté ce plaisir n'est plus recherché, il se présente comme étant à disposition : il précède le sujet qui, baignant dans un bain de plaisir virtuel, n'a plus qu'à plonger en son milieu pour s'en repaître. C'est ici le principe du plaisir qui fondamentalement a changé. Loin qu'il soit contredit ou différé par le principe de réalité, impliquant dès lors une quête pour le réaliser, c'est la réalité virtuelle qui, en se présentant comme plaisir modulable à l'infini, suggère un sujet qui lui est entièrement rivé, éternellement sous son emprise. La difficulté réside alors moins dans l'incertitude de la quête du plaisir que dans la difficulté, d'une part, de se maintenir dans le plaisir et dans la nécessité, d'autre part, de rompre avec lui pour se livrer à toutes les activités qui font le gris de la vie. Comment le sujet des réseaux sociaux et des vidéos Snapchat peut-il ne pas être émoussé ? Comment se remet-il de sa fatigue ? Comment, par ailleurs, peut-il, pour ainsi dire, redescendre sur terre pour se frotter au caractère trivial de toutes les activités les plus contraignantes de l'existence ? Qu'est-ce qu'une philosophie de l'effort à l'âge des dispositifs ? Il y a là, à y regarder de près, un double problème relatif à la fatigue du sujet du fait des dispositifs d'un côté, à la paresse du même sujet plongé dans le bain de l'ordinaire de l'autre.

Ces deux éléments, de la fatigue et de la paresse, travaillent ensemble. Ces dispositifs entretiennent une tristesse d'être soi tout en se présentant comme des appareils permettant de répondre à cette tristesse. C'est qu'ils fonctionnent comme un pharmakon, à la fois poison et remède. Ils instillent un poison mais ils proposent un remède. Fatigue et paresse sont à la fois poison et remède. Elles nous sont structurellement inoculées dans les veines car nous recevons en intraveineuse les flux permanents des images, des narrations et des consommations contemporaines. La fatigue en est une résultante directe, mais tout aussi bien l'incapacité à s'extirper de ce flux du fait de la paresse dans laquelle nous sommes structurellement situés.

Il faut alors comprendre la paresse comme une adhésion sans limites aux dispositifs. Jusqu'au point de l'extrême fatigue. Le paradoxe veut que cette fatigue soit le plus souvent combattue par la docilité extrême à l'égard de ceux-ci dans une adhésion telle que plus rien d'autre ne compte et que la possibilité même de faire effort au-delà de ces dispositifs perde sens.

Il ne faut pas se représenter le séquençage paresse-travail comme une dualité mais comme un même univers, car les dispositifs qui rendent paresseux sont les mêmes qui, au travail, réclament mobilisation et sens de l'effort. L'exigeance de concentration reprise dans des activités hautement prescrites est une demande de distraction d'après-travail.

Profaner les dispositifs ?

Agamben pose la question cruciale : « De quelle manière pouvons-nous donc nous opposer à cette situation, quelle stratégie devons-nous adopter dans notre corps-à-corps quotidien avec ces dispositifs[7] ? » Si le mirage infini de la jouissance promis par notre insertion dans les dispositifs, de Facebook à Netflix, en passant par tous les appareillages qui capturent les émotions et les réinscrivent dans des circuits narcissiques illimités et sans négativité aucune, nous sépare un peu plus de nous-mêmes, alors la question de savoir comment nous rapporter encore à nous-mêmes en nous éloignant des activités cadrées par les dispositifs s'avère fondamentale pour nous. La prise de pouvoir des dispositifs sur nos vies se retourne contre notre puissance d'agir en créant un soi virtuel qui requiert une importance toujours plus grande. Il y a là une boucle qui s'autoalimente : la consommation immédiate de la jouissance est l'autre nom de la paresse.

Pour agir contre elle, il faut donc pouvoir agir contre les dispositifs qui l'engendrent et l'alimentent. Mais comment ? Agamben évoque le combat contre la domination des dispositifs mais il nous donne finalement et fatalement peu de pistes pour y parvenir. Il met de façon très juste en rapport le développement des dispositifs et l'extension du capitalisme : « Il ne serait sans doute pas erroné de définir la phase extrême du développement du capitalisme dans laquelle nous vivons comme une gigantesque accumulation et prolifération de dispositifs[8]. » Il en tire la leçon significative que je reprends à mon compte selon laquelle les détruire n'a guère de sens, pas davantage que les utiliser avec justesse. Car dans un monde à ce point saturé de dispositifs, il est inconcevable de les anéantir, mais il semble tout aussi inconcevable de se rapporter à eux de façon équilibrée, proportionnée.

Les dispositifs ne sont pas de simples choses dont on peut avoir un juste usage car ce sont des opérateurs et plus encore des intensificateurs d'usages. Agamben se plaît à imaginer un monde sans portables, et où leur usage serait sévèrement puni. Il confesse que, vivant en Italie « dans un pays où les gestes et les comportements des individus ont été refaçonnés de fond en comble par les téléphones portables », il a « nourri une haine implacable pour ce dispositif qui a rendu les rapports entre les personnes encore plus abstraits » au point de se demander « comment détruire ou désactiver les téléphones portables [...] et mettre en prison ceux qui les utilisent[9] ». Mais ce n'est là évidemment qu'un trait de rage ironique pour faire exister sur le mode de la nostalgie le monde d'avant qui n'est plus. Reconnaissant néanmoins que le dispositif n'est pas un accident mais un trait de l'hominisation, il y voit un élément central de l'évolution humaine qui interdit tout retour à un état antérieur. Les annuler n'a plus de sens car ils sont partout et fabriquent la subjectivité contemporaine.

Il doit cependant s'avérer encore possible de les profaner si par profanation on entend la possibilité de récupérer sur un mode commun ce que ces dispositifs nous ont extorqué. Pour Agamben, les dispositifs, en se généralisant, ont disséminé toutes les formes de contrôle dans les appareils de conduite miniatures des individus. De la carte bleue à la montre connectée, la surveillance excède les caméras et fouille les conduites mais bute sur un point aveugle : l'extrême soumission d'aujourd'hui qui peut se révéler être l'inservitude de demain. « Plus les dispositifs se font envahissants et disséminent leur pouvoir dans chaque secteur de notre vie, plus le gouvernement se trouve face à un élément insaisissable qui semble d'autant plus se soustraire à sa prise qu'il s'y soumet avec docilité[10]. »

Le diagnostic d'Agamben est politique : si les dispositifs mordent sur les conduites humaines et les refaçonnent, c'est dans la mesure où leurs modes de surveillance s'avèrent sans équivalent et rendent les contre-conduites politiques particulièrement improbables. Mais la surveillance bute sur ce qui peut, à tout instant, échapper à la surveillance car le point d'hérésie de la surveillance ne peut jamais être atteint. Ainsi pour Agamben, « rien ne ressemble autant à un terroriste qu'un homme ordinaire[11] ». La profanation des dispositifs est alors comprise comme la production d'un point d'ingouvernabilité qui les fait dérailler.

Qu'est-ce que cela signifie concrètement ? Faire dérailler les dispositifs, les profaner implique une volonté d'interruption, un effort dont on peut se demander quelle subjectivité contemporaine peut encore les porter[12]. Si les dispositifs créent les sujets contemporains, quel sens peut-il y avoir encore à se battre contre les dispositifs si l'on est fabriqué comme sujet par ces derniers ?

Percevoir

Peut-on lutter contre la paresse si elle est un effet des dispositifs dans lesquels nous sommes pris comme des rats dans un navire ? Les dispositifs sont des prises de pouvoir sur les vies dont l'usage permanent et exclusif risque de nous séparer de notre puissance d'agir en la retournant contre elle-même. Au lieu d'augmenter alors notre puissance d'être par des stimulations nécessaires et indispensables, ils finissent par compromettre toute possibilité réelle de rencontre avec des personnes, des paysages, des événements. Il y a perte quand nous ne cessons d'arpenter le territoire infini de la virtualité électronique en nous demandant comment nous pouvons nous y insérer. Ce qui est alors perdu, c'est la possibilité même d'interrompre les formes de l'emprise en rapport aux dispositifs, une modalité de la présence à soi qui tient d'un art de la solitude dans la façon de se rapporter à soi, aux autres et au monde – une manière d'embarquer son corps dans des mobilités vastes et dans des paysages incarnés. Car les flux qui nous assaillent sous forme de narrations éphémères, de vidéos sans lendemain, d'informations permanentes, dès lors que nous ne les interrompons pas, nous font entrer dans un monde autonormé où il n'est plus nécessaire de savoir qui nous sommes réellement. Transformés en sujets branchés et connectés, nous sommes dès lors exposés aux formes dominantes de la présentation de soi et du monde. La paresse est le nom qui signifie l'attitude de réduction à cette exposition : elle prend la forme d'un renoncement douloureux à toute autre manière d'exister.

Ce qui nous fait sortir la tête de l'eau et désirer vivre autrement, c'est alors le surgissement des expériences cruciales : embarqués en elles malgré nous, nous ne pouvons plus nous immerger dans les dispositifs avec une telle intensité. L'expérience du tragique, la mort d'un proche, l'annonce de sa maladie, les fait momentanément voler en éclats. Ils perdent leur saveur, leurs contours et nous nous retrouvons seuls avec nous-mêmes, entourés de nos proches, éprouvant à nouveau l'épaisseur des liens et leur fragilité. Cette leçon d'un réel indompté qui refait surface n'est pas que négative. N'est-ce pas ce que nous ressentons aussi lorsque, soudainement, nous sommes émus par la beauté d'un lieu, d'une musique ou lorsque nous rions ou pleurons avec quelqu'un ? C'est la commune humanité qui s'annonce alors sans filtre et qui nous fait changer brutalement d'air.

Voici mon hypothèse : la pauvreté en expériences analysée par Benjamin[13], et en lien direct avec notre paresse face aux dispositifs, est battue en brèche par la richesse en expériences cruciales qui assaillent toutes les existences. L'entrée dans de telles expériences non voulues ou désirées forme la zone interdite que les dispositifs ne parviennent pas à coloniser totalement même s'ils s'y emploient avec toujours plus de succès. Une leçon émerge en lien à de telles expériences de douleurs : la réorientation de sa vie se fait à partir d'elles et, plus largement, de toutes les expériences cruciales d'amour, d'amitié, de solidarité, qui débordent les dispositifs et les remettent à leur place. La richesse en expériences est ainsi l'antidote à la paresse. Mais pour y accéder encore faut-il, sous peine d'être le serpent qui se mord la queue, regarder spécialement dans une direction autre que celle des dispositifs quand nous n'y sommes pas contraints.

Le remède à la paresse, dès lors, n'est pas la volonté mais bien la possibilité de percevoir à nouveau pleinement tout ce qui fait une vie humaine. L'exposition continue aux stimulations des réseaux, vidéos et narrations des autres, dans un contexte néolibéral d'accroissement de toutes les formes de publicité, a pour effet non seulement de neutraliser la puissance subversive des perceptions, mais de fabriquer une norme perceptive toujours plus adhérente à une telle exposition. La manière d'être face aux écrans, qui est en réalité une manière de ne plus être face mais bien dans les écrans, assèche la variété perceptive et démultiplie la paresse cognitive. Cette dernière se traduit par une acceptation quasi immédiate des informations à disposition, vraies ou fausses, sans qu'elles soient vérifiées, des formes visuelles et auditives qui circulent le plus sur la Toile. La paresse ne réside plus seulement dans l'état de sidération imposé par les images. Elle réside également dans une attitude de crédulité à l'égard des informations qui parviennent le plus rapidement jusqu'à nous. Là où nous devrions travailler mentalement à l'examen méticuleux des informations qui nous parviennent par nos sens, en les analysant, en les triant, la paresse cognitive nous extrait de ce travail : elle implique une réduction des ressources cognitives et perceptives dans le traitement des informations reçues. Les conséquences de cette paresse cognitive sont très nombreuses : c'est par elle que se diffusent notamment le mensonge mais aussi la simplification permanente du monde en des récits « faciles » et le plus souvent « manichéens » auxquels il est simplement demandé d'adhérer.

Ouvrir les yeux, entendre, goûter, sentir, toucher : voilà bien les expériences fondamentales de notre corps. Elles seules interrompent les dispositifs ou peuvent s'en rendre maîtres. Avec elles nous voilà embarqués dans le monde, présents et absents, solitaires et solidaires. L'immersion perceptive nous plonge dans le monde et nous transforme dans le même temps. Les sens ne sont jamais qu'individuels. Ils s'éprouvent entre les corps et nous font éprouver notre existence comme située dans le corps des autres : corps aimés, détestés, voisins, anonymes, etc. Dès lors, exister, c'est se trouver dépossédé de l'illusion de soi dans la variété des perceptions qui nous transportent hors de nous. Là où le dispositif crée l'illusion paresseuse de l'enfermement illimité dans la bulle narcissique de l'exposition ou du divertissement, la perception, quand elle parvient à passer par-delà les dispositifs, ou à ne pas se laisser enfermer en eux, restaure le désir d'aller voir ailleurs, d'être avec les autres.

Certes, le fait de se retrouver au beau milieu du réel (incluant les dispositifs sans s'y réduire) peut être source d'inconfort, de déception, d'angoisse. Mais c'est là précisément une dimension fondamentale de la présence au monde, à l'extrême opposé du confort de la paresse qui nous en éloigne.

Face à la multiplicité des dispositifs, écrans mais aussi cadrages électroniques en tous genres, qui suggèrent un accès aisé au lointain et à l'illimitation des virtualités, « renaître à la liberté du limité », comme le suggère l'écrivain polonais Gombrowicz dans son *Journal*, est ce qui s'offre en surcroît à celle ou à celui qui perçoit pleinement le monde et les autres et qui goûte à ses perceptions.

Ralentir

Comment percevoir à nouveau pleinement le monde dans lequel nous sommes, les autres dont notre existence dépend ? En ralentissant. Si l'on considère que les narrations, les images, les vidéos, les informations s'emballent en permanence, car telle est la logique des dispositifs, et virevoltent au sein de tous les flux qui nous assaillent, la seule possibilité pour imaginer un autre rapport à soi, pour désirer respirer différemment est de ralentir pour remettre le monde dans le corps et le corps dans le monde. Le retour au monde et aux autres implique de refaire corps avec son corps. L'expérience est simple à tenter. Vous êtes resté des heures durant devant votre ordinateur et vous éprouvez une sorte de vertige, la nausée, même, devant tant d'images et de textes. Vous vous en voulez car les heures ont filé et rien n'en est vraiment sorti. Pire, vous vous sentez profondément insatisfait, abattu. Surtout que vous l'avez vu venir et vous n'avez rien fait pour lutter contre, vous avez même continué par réflexe jusqu'au dégoût. Si tel est le cas, il vous suffit d'éteindre vos écrans, de laisser ordinateurs et téléphones portables chez vous et d'aller marcher ou courir dans la ville. Sans doute au début serez-vous aveuglé (comme le prisonnier de l'allégorie de la caverne de Platon qui est contraint de sortir de la caverne et ne voit plus pendant un long instant), puis vous vous y ferez et vous sentirez que votre corps est en marche ou en course. Vous vous rendrez attentif au mouvement de vos membres, au rythme de vos pas. Progressivement, cette attention vous rendra goût aux choses que vous voyez, au spectacle urbain, à la violence des rapports sociaux qui font infraction dans votre champ visuel. Vous vous étonnerez et vous vous scandaliserez. Vous verrez comme jamais auparavant le corps usé d'une vieille dame entrant péniblement dans un magasin. Vous observerez, émerveillé, cette personne seule sur son balcon prenant soin de ses plantes. Vous vous indignerez devant la violence policière au coin d'une rue. Vous n'êtes plus branché ou connecté ou exposé mais vous vous sentez présent à vous-même et au monde comme jamais. Vivre le corps-à-corps avec son corps, c'est revenir à soi sous la forme d'une présence au monde. Peut-être alors quand vous reviendrez chez vous et que vous vous connecterez à nouveau, le ferez-vous dans une autre disposition : avec l'idée de glaner des informations, des images, pour en faire un usage personnel. Qui sait si vous ne bricolerez pas un modeste braconnage pour retirer des pièges que vous posez sur Internet un gibier singulier qui vous ravira ? Vous serez un peu moins possédé et davantage créateur. Un autre art des dispositifs est alors possible.

C'est là une première subjectivation née d'un usage de soi au ralenti grâce à cette échappée hors des dispositifs. Qu'est-ce qui est alors à l'œuvre dans les braconnages sur Internet ? Un art du vagabondage et de n'être plus assigné à la place requise. Si les dispositifs fonctionnent comme un appareil de capture, comme le pouvoir de s'approprier notre puissance d'agir et de la retourner en leur condition de fonctionnement, alors le vagabondage et le braconnage apparaissent comme une première tentative pour se réapproprier sa puissance d'agir.

Mais il faut aller plus loin et s'aventurer dans le second cercle des subjectivations qui naissent des hérésies corporelles et du désir forcené de sortir des dispositifs, de s'en sortir. Il peut s'avérer intéressant de reconnaître que nous sommes en lutte contre eux, que ceux-ci ne peuvent pas nous entraîner vers des chemins non désirés. On peut sur ce point renouer avec l'idée que la philosophie est l'effort pour s'arracher à une vie de semblant et s'employer à délimiter cette vie de semblant produite socialement en la régionalisant. Les stoïciens proposaient à leurs disciples des stages de pauvreté fictive. Ils consistaient notamment, nous rappelle Michel Foucault, ou bien à se mettre en appétit par des activités physiques, à se faire préparer les meilleurs mets du monde pour finalement ne pas y toucher ou les laisser à ses esclaves, ou bien à vivre pendant une semaine dans les conditions de la pauvreté extrême pour se convaincre que l'on peut vivre dans la pauvreté et mieux s'y préparer[14]. Ne peut-on pas dans le même sens se débrancher plusieurs heures dans la journée, voire une journée entière pour se rendre compte que non seulement nous avons survécu mais que nous avons peut-être vécu autrement ? Certes, cette démarche est avant tout individuelle alors que la cause de la paresse engendrée par les dispositifs est sociale. Mais outre qu'il n'est pas interdit de penser que cette démarche individuelle pourrait être testée au niveau social à l'échelle de l'école par exemple, ou en créant des lieux urbains déconnectés, pour entamer un nouveau cycle de l'indépendance, il faut bien commencer par s'y mettre.

Un travail philosophique central aujourd'hui

consiste à préparer une expérience de soi alternative à la possession de soi par les réseaux. Son sens ultime réside dès lors dans la dépossession, si par dépossession on entend la capacité de s'affranchir et de se retourner vers soi afin de contribuer à faire couler son désir vers d'autres aires. La philosophie peut contribuer à ce nouveau chemin : elle peut redevenir une entreprise de transformation de soi à la condition qu'une telle transformation soit réinscrite dans les formes sociales de l'exposition de soi.

Adhérer

Il ne sert à rien de déplorer les nouvelles formes de la subjectivité contemporaine. Mais il ne sert à rien non plus de renoncer à inventer une nouvelle subjectivité au sein même des dispositifs. Pourquoi les inventions seraient-elles impensables ? Mais qu'est-ce qu'une invention de soi à l'âge des réseaux si ce n'est justement une anti-paresse ? Le désir prend alors une autre forme, l'invention de soi, la subjectivation plutôt que l'assujettissement.

Comment se subjectiviser autrement ? Il faut opposer à la paresse engendrée par les dispositifs la conscience que les expériences cruciales les débordent en profondeur et qu'un autre désir gît dans le sujet. Il faut également opposer aux dispositifs de capture des sujets contemporains les épreuves sociales cruciales aucquelles est confronté l'individu pour le réanimer et le faire sortir de son état de paresse. Parmi ces expériences sociales, celle des inégalités, pas plus que celle des précarités ou de l'exclusion, ne devrait être considérée comme soluble dans les dispositifs, car ce sont les attaches des sujets à la société qui sont compromises avec elles. Plus gravement, c'est toute la possibilité de faire monde commun qui disparaît. Si les réseaux sociaux créent des archipels de mondes entre semblables par le semblant d'identifications hâtives, l'épreuve sociale de la pauvreté, de la disqualification, de l'exclusion, de l'inégalité révèle un monde où nous ne pouvons réussir seuls et où nous devons nous tenir avec les autres. La vie à soi s'éprouve alors comme une vie hors de soi, embarquée dans le monde des autres, selon un ensemble de relations qui ne sont pas seulement les relations de proche à proche mais de proche à lointain, dans des cercles d'appartenance qui permettent d'entrevoir l'humanité comme un horizon des coappartenances. Un tout autre sens du sujet émerge que celui du ravissement en lien avec la paresse, c'est celui du sens des autres en lien avec la responsabilité.

La paresse est, en ce sens, une indifférence aux conditions sociales de fabrication des existences suscitée par une insensibilisation progressive engendrée par l'accoutumance aux dispositifs. Elle est une perte de la perception des vies inégales. C'est alors comme défaut de perception qu'elle doit être combattue et non primitivement comme défaut d'action car l'un suit l'autre. Ne plus percevoir le monde tel qu'il est marque sans aucun doute l'entrée dans le solipsisme. Se croire seul avec soi-même alors que l'on est pourtant exposé aux réseaux sociaux est l'un des effets les plus remarquables des dispositifs virtuels contemporains. L'entrée dans la solitude du sujet sous emprise d'Internet l'éloigne de toute possibilité de sollicitude. Il faut alors insister sur la nature percevante du sujet pour lui permettre de lutter durablement contre la paresse. Plus archaïque que la volonté, l'activité perceptive rouvre le monde à un sujet et le fait sortir de sa paresse entretenue. Encore importe-t-il dans cette perspective de ne pas enfermer la perception dans le dispositif virtuel qui en sature la signification par les jeux proposés qui surexposent la perception visuelle et sonore à des stimuli qui ont pour vocation d'enfermer le sujet dans les dispositifs. Travailler à agrandir sa perception est le meilleur moyen de lutter contre la paresse.

C'est à cette condition qu'il est possible d'adhérer à nouveau. Percevoir, c'est toujours percevoir la frontière entre le tolérable et l'intolérable à hauteur des corps humains, et c'est entrer dans l'affirmation joyeuse des adhésions. L'adhésion à une idée, à un collectif qui la représente et la défend, implique la nécessité de s'engager, de se salir les mains avec d'autres personnes pour transformer la réalité, là où elle est vécue comme intolérable. C'est le contraire du désengagement et de l'état de flottement dans lequel on se retrouve au sein des dispositifs.

À la tristesse de la paresse, il faut opposer la joie de l'adhésion. Passer de l'une à l'autre est le programme de toute vie qui refait corps. Vous vous sentez isolé, esseulé dans le monde des dispositifs. Militez ! Entrez dans des collectifs ! Engagez-vous ! Alors seulement vous aurez l'impression de renaître au monde et d'appartenir réellement à toutes les chairs qui le composent. Alors les dispositifs pourront retrouver une juste place au sein de ces alliances militantes.

Mais c'est que vous serez redevenu vous-même chair.

Chapitre II

La lâcheté

Interprétation vitale

Si la paresse est une indifférence bienheureuse au monde, en laquelle il semble que nous faisons un avec les plaisirs qui nous alimentent et dont nous ne voulons pas sortir, au sein d'une bulle le plus souvent virtuelle, la lâcheté est un état existentiel dans lequel nous sommes deux et ne parvenons plus à vivre de façon unitaire. La paresse est en réalité engendrée par un défaut de perception du monde social car elle est une bulle de narcissisme dans laquelle s'enferme le paresseux pour ne plus éprouver les vies inégales, la précarité, les conditions économiques faites aux vies. L'état de paresse dans lequel se complaît un être se veut total, sans faille, imperméable au monde tel qu'il ne va pas. Toute autre est la passion de la lâcheté en laquelle évolue celui ou celle qui accepte de se scinder en deux pour exister sur un mode duel.

Comment s'explique ce chiffre deux ? D'un côté, la personne qui fait acte de lâcheté a parfaitement conscience qu'elle est lâche. Elle voit qu'elle devrait agir d'une certaine façon mais elle n'en fait rien. Son antonyme est le courage. Il existe différentes façons de manquer de courage mais le noyau dur de la lâcheté repose sur l'état de division dans lequel le sujet vit. Là surgit un nouveau trait de la passion dangereuse : il y a passion dangereuse quand il y a vie divisée. Après l'indifférence, le défaut de perception de la paresse, la division de la lâcheté. Telle personne se retrouve dans le métro, assiste à une agression sexuelle et n'intervient pas. Comment peut-elle y parvenir si ce n'est en se divisant ? D'un côté il y a la partie éveillée de soi qui a parfaitement conscience de la violence qu'un corps endure. De l'autre, il y a la partie médusée de soi qui ferme les yeux en attendant que ça passe et qui se persuade qu'elle ne peut pas intervenir. Le lâche est ainsi à la fois éveillé et endormi. Il vit dans un état de somnambulisme dans lequel sa partie consciente n'a plus prise sur son état corporel. Contrairement à l'être courageux qui ne fait qu'un avec son acte et dont la conscience est tout entière dans le risque pris à intervenir dans l'urgence d'une situation, l'être lâche vit dans un état duel de relâchement où toute possibilité de revenir à soi est exclue. Ce relâchement implique, bien souvent, le renoncement. Le courage s'annonce, la lâcheté renonce.

On mesure alors tout ce qui sépare le paresseux du lâche. La paresse désensibilise le sujet au point de lui retirer tout élément d'indignation actif. La lâcheté le maintient aux portes du scandale mais sans jamais qu'il l'ouvre pour s'employer à changer le cours des choses. Nietzsche donne le conseil suivant dans *Le Crépuscule des idoles* : « Ne pas faire preuve de lâcheté envers nos actions[1] ! » Lâcheté et paresse ont en commun d'enfermer le sujet dans sa seule psyché. Mais là où le paresseux s'enterre à l'intérieur de lui-même en essayant de jouir de son seul monde au maximum, le lâche a conscience que quelque chose à l'extérieur réclame un changement urgent mais exclut cette possibilité. Le paresseux est unifié tandis que le lâche est clivé : il voit parfaitement comment il devrait agir par rapport à une situation qu'il juge indécente ou anormale mais il n'agit pas conformément à ce qu'il perçoit. Tandis que le paresseux est un émoussé de la perception, le lâche est un sujet percevant disjoint de toute velléité d'action. On pourrait multiplier les différences : la paresse est conscience assoupie tandis que la lâcheté est conscience malheureuse.

Il est possible de reconstituer les trajets qui mènent de la lâcheté à la paresse ou de la paresse à la lâcheté. Dans le premier cas, la paresse efface le scandale négatif de la lâcheté en proposant une fausse médecine à celui qui ne parvient plus à tenir dans la lâcheté, tant il est rongé par la conscience malheureuse : la paresse, à l'instar du divertissement pascalien, se trouve alors, dans son exténuation perceptive mais aussi cognitive, miraculeusement effacer l'état de faute dans lequel est englué le lâche et qui tient à sa schizophrénie coupable. Je vois le mal mais je n'agis pas pour lutter contre lui. Ou réciproquement : je vois le bien mais je n'agis pas pour le réaliser. Dans les deux situations par peur des conséquences. À cette heure tardive de la nuit où je suis seul à percevoir qu'un homme embête un couple et risque de passer à la violence, je détourne mon chemin pour faire comme si de rien n'était. Cette lâcheté, il est tentant de l'interpréter comme l'effet de la peur ; mais peut-être mieux vaut prendre la peine de l'analyser comme l'état de sidération de quelqu'un qui ne s'autorise pas à intervenir dans le monde.

Dans le second cas, la lâcheté, en tant que renoncement à l'action, peut naître de la paresse tant cette dernière a éteint tout désir d'agir à force de nous rendre indifférents à l'état du monde. En quel cas le défaut de perception qui plonge le paresseux dans un bain de jouvence qu'il souhaiterait éternel ne peut que conduire à émousser la perception du drame qui se joue devant soi et qui réclame une intervention.

Interprétation sociale

Comment expliquer que la lâcheté est une passion et, qui plus est, une passion sociale ? En réalité, s'il est tentant d'interpréter la lâcheté comme un défaut psychologique, une faiblesse de caractère imputable à un sujet qui en a nécessairement honte, elle ne peut pas se réduire à un simple accident psychologique qui trouve dans l'histoire d'une vie sa raison d'être. Elle n'est pas seulement une absence de courage qui assaille un être pour des raisons sensibles et profondes et vient l'empêcher d'agir, le situant dans l'éternelle division d'un moi irréductiblement clivé. Elle est certes cette absence de courage, mais comment penser que nous sommes courageux spontanément sans la moindre condition sociale à l'émergence de ce courage ? Ne faut-il pas toujours un terreau social pour donner corps à ce courage et lui permettre d'arriver au monde ? Ce terreau social, il est possible de le nommer confiance si par confiance on entend l'état psychique dans lequel un sujet se sent autorisé d'agir car il adhère à sa voix intérieure qui lui dit que faire. Cette confiance, il ne faut cependant pas la rechercher uniquement dans un accord interne cultivé par un sujet qui se risque à entrer dans la bataille car il écoute sa voix en se convertissant à elle. Il faut également la comprendre comme un état social d'accréditation d'un sujet qui, se sentant autorisé à agir dans le monde social car il est appréhendé, reconnu et même récompensé pour ses actions, ose risquer une conduite qui peut le mettre en péril. La confiance, ainsi comprise, n'est pas le seul fait de la capacité de chaque existant à se raccorder à sa propre voix en osant s'autoriser d'elle, mais davantage le fait que cette voix, à laquelle on se raccorde, est elle-même préconsidérée favorablement ou non dans le monde social dans lequel on se trouve. Aucune voix ne peut exister sans cette structure d'attestation et de reconnaissance que fournit le monde social, et qui encourage certains à agir et décourage les autres de la moindre action.

Le philosophe américain Emerson a opposé, de façon particulièrement prémonitoire, la confiance en soi au conformisme : le conformiste imite le réel, il est l'être des traditions, quand celui qui a confiance en lui invente sa propre voix. Le conformisme peut éteindre la confiance en soi, ainsi que le note Emerson, quand nous nous détournons de « la confiance que nous avons en nous-mêmes » au nom de « notre attitude de cohérence, [d']un respect pour nos paroles ou nos actes passés »[2]. Pour le philosophe américain, cultiver sa propre voix, c'est risquer l'incohérence, l'engendrement de la surprise entre hier et aujourd'hui ; c'est oser la dissonance. La confiance en soi ne se décrète pas mais s'institue socialement. Pour les uns, les risques sont valorisés, tandis que pour les autres toute velléité d'action est sévèrement blâmée et punie. Le monde social a ceci de particulièrement violent qu'il repose sur une précompréhension des actions des uns et des autres reposant sur les qualités sociales estimées des uns et des autres et sur l'attente sociale qui pèse sur les uns et sur les autres. Tandis que l'on attend de l'homme d'affaires qu'il s'affaire, du cadre qu'il s'active, l'ouvrier et avec lui tous les prolétaires contemporains sont censés rester à leur place et ne pas faire de vagues.

La lâcheté, dans une telle perspective, n'est plus l'apanage des hommes et des femmes qui manquent de courage, mais l'état social escompté de celles et de ceux qui ne doivent surtout pas changer de place. Elle équivaut à une honte rentrée qui ne peut jamais être extériorisée par un quelconque acte de révolte. Est lâche non plus celle ou celui qui n'agit pas, alors que la situation l'exige, mais celle ou celui qui reste à sa place alors qu'il ne le faudrait pas.

Monique s'évade

Édouard Louis, dans son roman *Monique s'évade*[3], raconte comment sa mère a précisément eu le courage de quitter son chez-soi pour rompre avec un compagnon violent, après être déjà partie, plusieurs années auparavant, de chez elle pour fuir un mari également trop violent. Édouard Louis s'interroge sur la possibilité de la fuite. La violence de genre retourne cette possibilité en une impasse mais plus largement toute violence circonscrit un territoire d'où il devient impossible de s'échapper. Il explique dans un entretien « à quel point fuir est une chose difficile et à quel point une des violences de la violence c'est de nous délimiter à la scène de la violence [...], de faire qu'on ne peut pas sortir de la violence », ajoutant : « Qu'est-ce qui fait qu'on ne sort pas, qu'est-ce qui nous retient[4] ? » La violence sociale, de genre, de race mais aussi de classe, se reconnaît à ceci que celui ou celle qui se trouve soumis à la violence est dans l'incapacité physique et psychique de la fuir. Il y a non seulement une physique de la violence, qui tient à la possibilité de garder dans son cercle celui ou celle sur qui elle s'exerce, mais il y a également une métaphysique de la violence qui tient à l'état de sidération qui place la personne sur laquelle elle s'acharne dans la commotion répétée plutôt que dans la fuite. La possibilité de la fuite n'est jamais aussi difficile que pour les personnes qui sont assignées à une place dont elles ne peuvent pas sortir sans l'autorisation expresse d'autres personnes. C'est d'ailleurs là le trait distinctif de la première violence qui conditionne toutes les autres : empêcher quelqu'un de partir, le priver de la possibilité de fuir. La honte est l'affect de l'immobilité à laquelle quelqu'un se soumet, incorporée comme destin social. Ce qui m'arrive est horrible mais encore plus horrible serait la possibilité de rendre public ce qui m'arrive en partant. Les exemples sont innombrables. Une femme qui se voit refuser par son mari le moindre argent alors même qu'elle travaille a honte de cette situation, mais cette honte, au lieu de lui donner la force de se rebeller, se transforme en honte de la honte et la maintient dans le cercle de la honte. Elle lie au passé. « La honte est une mémoire[5]. »

La violence sociale, la honte et la lâcheté fonctionnent en série et forment la même boucle de domination. Jamais la violence sociale ne s'exerce plus que lorsqu'elle interdit à quiconque d'en sortir. La mère d'Édouard Louis, grâce à son fils, a le courage de fuir. La fuite n'est pas une décision solitaire, elle est organisée, préparée par son fils et ses amis : c'est donc grâce à un ensemble d'autres conditions, à des relations de soin qui déconditionnent la scène de la violence pour en exhiber une issue, que la fuite devient possible et qu'une autre vie peut commencer.

Mais qu'est-ce que fuir la violence sociale ? C'est exercer le courage d'interrompre la boucle de domination de la violence, de la honte sociale et de la lâcheté en prenant appui sur les appuis qui, à l'extérieur de cette violence, créent une autre scène infiniment plus désirable. La fuite n'est envisageable que si du désirable est recréé à l'extérieur de la violence. Mais encore faut-il que le caractère désirable d'une vie meilleure envisagée pour son propre futur puisse surgir dans le désir même de fuir, sans quoi la violence recréera son cercle et assignera celui sur qui elle s'abat à cette place d'où il est impossible d'imaginer pouvoir changer.

Il faut cesser de penser la lâcheté en termes exclusivement psychologiques et l'analyser comme la création d'un état social en rapport à une place à laquelle il s'avère impossible de se soustraire. La lâcheté est certes le contraire du courage, mais elle est d'abord la création d'une structure d'immobilité au sein du monde social : l'imposition d'un rôle social, d'un genre, l'assignation à un destin d'où toute possibilité de fuite devient impensable et illégitime.

Quand Monique s'évade, c'est qu'elle est alors parvenue à se défaire de toute assignation à une place dont on considère qu'il est inconcevable d'en sortir tant pour des raisons de genre (une femme reste avec son mari) que pour des raisons de classe (ce sont les nantis qui s'en vont). Tandis que la mobilité sociale est toujours appréhendée comme le signe d'une réussite sociale, l'immobilité sociale est regardée le plus souvent comme la rémanence d'une structure sociale de la domination qui doit au fond rester inchangée.

La lâcheté comme passion sociale

On comprend dès lors pourquoi la lâcheté tend à être une passion sociale dangereuse. Elle consiste à conserver tout en l'état alors même que tout devrait pourtant changer. Elle est l'incorporation des attendus de la domination de classe, de genre, de race, au point de toujours les confirmer et de ne plus en sortir. La lâcheté est la création d'un état social d'immobilisation imposé comme destin aux plus dominés. Dès lors elle devient une passion quand celui ou celle sur qui s'exerce la domination se persuade qu'il n'y a rien à faire contre elle, en un mot qu'elle est un destin. La lâcheté est le nouage du psychique et du social engendré comme halo de la domination. On attend des pauvres qu'ils restent à leur place comme on attend des femmes dominées qu'elles restent dans leur foyer, de la même manière qu'on attend des personnes racisées qu'elles ne remettent pas en cause les formats apparemment universels de la justice, en réalité profondément tributaires d'une conception « blanche » de la vie humaine.

Ne pas imaginer que l'on puisse quitter sa place revient à considérer que celle-ci non seulement circonscrit un lieu où l'on se trouve, mais une raison d'être liée à ce lieu. La décision de quitter la place, même négative, que l'on occupe est tout sauf facile. Pour fuir, il faut larguer toutes les attaches, être momentanément nulle part, sans aucun lieu, s'éprouver de nulle part, avec la peur de ne plus avoir la moindre place à l'avenir. Avoir honte de la place à laquelle on est assigné dans la domination est une chose, avoir honte de sa propre honte est également une conséquence de cette honte. Considérer que la honte doit être levée, du fait même qu'elle existe et est redoublée, ne va en revanche vraiment pas de soi tellement la honte fournit un être social à la personne qui l'éprouve en l'assignant à une identité de genre, de classe et de race.

La lâcheté identifie le sujet tandis que le courage désidentifie. Si les philosophes ont vocation à penser que se désidentifier est une pratique en soi parfaitement recommandable, la perte de l'identité fournie par la place occupée est d'abord une plongée dans les eaux troubles de l'absence de tout lieu, de toute définition et de toute justification sociale.

Il faut alors s'imaginer que la lâcheté est le nom (encore certainement trop exogène et moral) donné à la passion de la personne qui fait sienne la place qui lui est conférée dans la domination, car seule cette place lui permet de vivre. Il faut ici penser que la lâcheté n'est pas nécessairement peur d'agir soudainement face à un événement imprévu qui réclame courage, mais une certaine façon d'être au monde réclamée par ce monde pour tenir à l'intérieur de lui. Qu'est-ce à dire si ce n'est que le monde nous prend à la gorge et que nous n'avons pas le courage de lâcher nos positions sociales, nos rôles sociaux, tellement nous sommes pris dans nos épreuves et tellement nous tenons dans la vie par les épreuves ? La lâcheté n'est pas absence de courage mais nécessité de tenir dans la honte sociale dans laquelle on se trouve.

Encore faut-il tirer toutes les conséquences de cette lâcheté-passion. Jusqu'à présent nous l'avons analysée comme l'incorporation d'un ordre du monde qu'il est impensable de vouloir transformer et où il s'avère impossible d'envisager le moindre changement en comprenant cette incorporation comme l'effet de la domination. Il faut à la fois maintenir cette hypothèse et la diversifier. La maintenir tout d'abord : la lâcheté ne s'exerce jamais autant que de l'intérieur des situations de domination, car elle en est une dimension. Celle-ci se reconnaît en effet au fait qu'elle tire bénéfice non seulement de l'exercice de la violence que subissent toutes les personnes dominées mais également au fait que la violence impose un périmètre qu'il s'avère particulièrement périlleux de désirer quitter. Il est même possible d'analyser la lâcheté comme l'assignation dans la résidence de la violence de la personne sur qui s'exerce la domination et dont la honte acquiert alors encore une autre signification puisque, en devenant honte de la honte, cette honte se laisse appréhender comme honte de ne pouvoir bouger, de ne pouvoir fuir, de ne pouvoir en sortir.

Cette perspective générale sur la honte doit être cependant diversifiée à d'autres expériences sociales. Car la lâcheté de l'immobilisation à l'intérieur de la place occupée vaut également pour toutes les personnes qui se trouvent en haut de l'échelle sociale et qui refusent de quitter leur place. Après tout, la réponse à la question de savoir pourquoi le dominant devrait quitter sa place est sans doute tout aussi nécessaire que la réponse à la question de savoir pourquoi le dominé ne quitte pas plus aisément la place à laquelle il est assigné. La conservation du corps social qui s'exerce en bas et en haut (en fait à tous les niveaux de ce corps) doit ainsi être comprise comme la volonté de ne rien changer : en quel cas la lâcheté est la passion de la conservation, le maintien des places.

Qu'est-ce alors que la lâcheté dans tous ces sens ?

La passion de la caste, c'est-à-dire de la séparation des mondes. Pour le faire comprendre, on peut se reporter au film de Jean-Marc Moutout de 2003, *Violence des échanges en milieu tempéré*. On y voit un homme dans le RER assister à une scène de harcèlement et intervenir quand un inconnu tente de poser, malgré ses dénégations, ses mains sur les fesses d'une jeune femme. Le jeune homme, cadre à la Défense, est courageux car il n'hésite pas à s'intercaler face à l'indifférence générale des autres voyageurs dont certains perçoivent pourtant parfaitement ce qui est en train de se jouer. Excédé par la violence de la scène, du moins en apparence, il sort de lui-même et peut-être aussi de l'état de peur dans lequel il se trouve. Si la lâcheté rime avec la peur ou l'indifférence, le courage met la peur à distance et rend l'action concevable. Il en résulte que le courage est désenfermement, sortie de l'état d'enfermement et de sidération dans lequel la peur place une personne au point que, n'osant pas agir par crainte des conséquences, elle épouse momentanément une lâcheté qu'elle éprouvera par la suite comme particulièrement honteuse.

L'engendrement de cette lâcheté et sa dénonciation reposent pourtant sur des conditions sociales non interrogées qui suggèrent l'exercice continu d'une autre violence, le plus souvent invisibilisée, celle qui sépare deux personnes qui viennent de deux univers sociaux différents. Le jeune cadre et la femme harcelée vivent, à la suite de cet épisode, une histoire d'amour mais ils finissent par se séparer car ils ne sont pas issus du même monde social. La boucle de la violence des échanges sociaux est bouclée car, à la fin du film, en contrepoint à la scène initiale, le personnage principal vit désormais avec une femme qui lui ressemble davantage socialement. La fin du film nous montre le nouveau couple arrivant à La Baule tandis que le jeune cadre s'active à lui étendre sa serviette sur la plage pour assumer sa position d'homme attentionné. Mais ce geste de prévenance obéit en réalité au respect d'une hiérarchie de genre non interrogée. Il semble plus facile au jeune cadre d'avoir un acte de courage ponctuel vis-à-vis d'une femme qui lui est inférieure socialement mais jamais il n'arrive à avoir le courage de transgresser les frontières de classes pour entamer une vraie histoire d'amour. La lâcheté réside alors dans la reproduction tacite de ses attendus de classe et dans le refus de changer de place.

Si tel est le cas, la lâcheté comprise comme passion sociale et non pas seulement comme lacune de caractère est un corollaire indispensable de l'art de gouverner la multitude. Elle en est même, à bien des égards, une condition essentielle tant il ne peut y avoir de gouvernement du corps social sans la célébration des places.

Qu'est-ce que ne pas être lâche ? Le courage à plusieurs

Qu'est-ce alors que ne pas être lâche ? C'est avoir le courage de s'évader, de quitter la place à laquelle on a été assigné afin que le corps social soit conservé. Lorsque Monique s'évade, Didier Eribon venu lui ouvrir l'appartement de son fils lui fait remarquer combien elle est courageuse : « Vous êtes courageuse. Il est toujours difficile de s'enfuir. Je vous admire[6]. » Le livre du courage est un livre des fuites. Fuir, c'est ne plus tenir en place ; c'est ainsi parvenir à se désidentifier. Si, pour quitter la place à laquelle on est tenu, il faut cesser d'avoir honte de sa honte, alors il s'avère nécessaire que l'analyse des conditions sociales de la honte puisse être produite et qu'elle aboutisse à une critique des conditions faites aux existences qui les rendent inégales. L'inégalité ne renvoie pas exclusivement à l'exploitation ou au manque d'argent. Elle se perçoit également par tout ce qu'une vie est empêchée de faire en raison des structures sociales dans lesquelles elle se trouve prise. Quand une vie est privée de ce à quoi elle a pourtant droit, de voyager, de se rendre au théâtre, de quitter son pays, de se nourrir décemment, de se loger, de se chauffer, de s'éduquer, d'avoir accès aux soins, alors il s'avère difficile de ne pas vivre dans la honte en frôlant les murs pour ne pas se faire remarquer, et il s'avère encore plus difficile de retourner la honte éprouvée devant sa honte en critique des conditions sociales qui rendent la vie impossible.

Sans soutien, aucune vie ne peut réellement parvenir à lâcher sa place. La lâcheté qui est le nom donné par les autres à l'impossibilité de lâcher sa place et qui finit par être la passion éprouvée par celles et ceux qui ne parviennent pas à changer de place, à fuir, devient un destin social. Il faut être plusieurs pour permettre à quelqu'un de rompre avec cette lâcheté. Le courage, quoi qu'en dise toute une littérature philosophique qui glorifie l'acte solitaire du sujet héroïque, est toujours le plus souvent un acte à plusieurs, même s'il est en dernier ressort porté par quelqu'un. Monique s'évadera seule mais sans son fils, sans les amis de son fils, elle ne peut y arriver car elle risque, à chaque moment de sa fuite, de revenir dans le cercle initial de la place à laquelle elle est attendue et qu'elle doit honorer. Descartes refuse de considérer le courage comme une « habitude » ou une « inclination naturelle » ; il l'interprète comme une passion qui loge dans le cœur et qui consiste en « une certaine chaleur ou agitation qui dispose l'âme à se porter puissamment à l'exécution des choses qu'elle veut faire[7] ». La conséquence est que le courage ne se décide pas à plusieurs mais est interprété comme la capacité qu'ont certaines âmes et non d'autres de s'échauffer et de se placer à l'origine de choses difficiles à accomplir. À interpréter ainsi le courage, les passions de l'âme à chérir dépendent des seules âmes qui peuvent, pour ainsi dire, se passionner pour le courage car elles en ont la bonne complexion interne. Le serpent ne se mord-il pas la queue à vouloir fructifier ce qu'il possède déjà et à ainsi s'écarter des mauvaises passions ? Le héros cartésien est un héros solitaire mais n'est pas héros qui veut[8]. Toujours puissamment seul, il trouve en lui les ressources nécessaires pour être courageux.

Pourtant, le courage est toujours un courage de la vie à plusieurs, qui tient au concernement mutuel et à une lutte éthique et politique contre l'indifférence. Il ne suffit pas de décréter ce courage pour le faire exister. Mais, à la différence des analyses prônées par Descartes, celle d'un collectif en courage permet de porter l'accent sur la mutualité des actes de résistance. Quand l'un faiblit, les autres peuvent prendre la place que la personne n'ose pas encore prendre et lui offrir la possibilité de tenir bon et de ne pas céder sur sa propre résolution. Un collectif de courage ne peut exister que par un égal concernement des existences qui le composent, quel que soit le statut des personnes qui en font partie. Il est bien davantage qu'un filet de protection : un gigantesque écheveau d'antennes sensibles toujours en alerte pour détecter les affaissements soudains, les piétinements suspects, les saccages intolérables de l'un de ses membres. Monique ne s'évade que parce qu'elle est prise dans un tel écheveau. Mais elle-même en fait partie et c'est sans doute ce qui rend la leçon de vulnérabilité si précieuse. Il n'y a pas la vulnérabilité de l'un et l'invulnérabilité des autres mais des vulnérabilités singulières d'autant plus agissantes qu'elles ont la capacité de comprendre en quoi une vulnérabilité peut devenir un piège mortel.

Dès lors, si le courage est le fait de la vie à plusieurs, s'il repose sur la création de petits collectifs mobiles et agissants, aux contours imprécis mais réels, la question politique de la frontière de ces collectifs se pose forcément, et avec elle, l'interrogation sur un élargissement possible et nécessaire de ces collectifs à la société tout entière. La solidarité est alors l'extension de ce courage de la vie à plusieurs avant même d'être l'institution sociale qui la garantit : c'est d'ailleurs à ce niveau de profondeur qu'elle peut apparaître comme un instituant plutôt que comme un institué. Le drame est que nous ne pouvons lire la société autrement que comme instituée. Régresser jusqu'à l'instituant s'avère pourtant nécessaire si nous voulons structurellement nous opposer à la lâcheté par le courage de la vie à plusieurs, dont l'une des conditions est la lutte contre l'indifférence.

Revenons à la lâcheté et affirmons que la première forme d'existence de la lâcheté est précisément l'acceptation de l'indifférence, sa mise en culture, l'insensibilité à toutes les formes du mal.

Chapitre III

Le mensonge

Interprétation vitale

Le plus souvent, il y a une vie avant le mensonge et une vie après. Le plus souvent, nous nous souvenons du premier mensonge ou bien si nous l'oublions c'est parce que nous avons voulu l'oublier. Cet acte est devenu à ce point courant que nous ne nous posons même plus la question morale : cela vaut-il vraiment la peine de mentir ? Par peur de découvrir que la seule réponse est négative. Si le mensonge est moralement critiquable, c'est parce qu'il introduit une scission dans le régime de la vie à plusieurs entre celui qui connaît la vérité mais la garde pour lui et ceux qui l'ignorent et pensent que ce qui leur est rapporté est la vérité. Ce qui est à critiquer dans le mensonge, c'est d'abord cette scission des subjectivités sur la seule performance de l'acte de langage, réel ou omis. En droit mais aussi en fait, l'égalité des sujets est détruite par la connaissance de l'un dont l'effet est l'ignorance de l'autre. Le paradoxe du menteur, comme cela a été parfaitement et régulièrement noté, est qu'il a besoin de connaître la vérité pour la dissimuler dans un deuxième temps.

Basculer dans le mensonge, c'est escompter un bénéfice auprès de l'interlocuteur grâce à l'acte de mentir. Encore faut-il pour y parvenir, préalablement à la déclaration de mensonge, que se noue la conviction chez le menteur que le mensonge proféré l'est pour le bien de la personne ou à défaut pour ne pas la faire souffrir inutilement. Il n'existe pas de mensonge sans une pleine justification qui permette au menteur de passer outre le mensonge et de se scinder en deux : être à la fois l'ami de la vérité dont l'amitié équivaut à une possession exclusive, un refus du partage, et l'usager du mensonge qui ne doit jamais apparaître en plein jour, qui vit une vie cachée et dont l'exercice est garanti par la clandestinité de la formulation. Le mensonge, contrairement à la paresse, n'est en aucun cas un acte solitaire, mais il parachève l'égoïsme de l'individu qui entend bien tirer la couverture à lui grâce aux bénéfices qui en sont escomptés. Tandis que la paresse est une façon de jouir de soi dans le système des dispositifs qui se trouvent être à disposition du paresseux qui confond monde et dispositifs, le mensonge est l'acte de faire sécession avec autrui en dissimulant la part essentielle à l'autre et en jouissant de cette dissimulation. Là où la lâcheté est honte de provoquer des troubles et adaptation forcenée à la place à laquelle la société nous assigne, définissant ainsi un sujet foncièrement conservateur, le mensonge renvoie, lui, à un sujet acteur de son mensonge, y prenant plaisir, malgré le surgissement inévitable de la mauvaise conscience.

La généalogie existentielle du menteur implique dès lors que le circuit de la mauvaise conscience hypothétique, en rapport à l'acte de mentir, soit sinon brisé du moins effacé par les plaisirs directs ou indirects induits de l'acte de mentir. La formule « J'ai menti car je ne pouvais pas faire autrement » est intéressante car elle suppose que l'acte de mentir repose sur une quasi-obligation (ce qui est sans doute partiellement socialement très vrai ainsi que nous le montrerons) mais elle efface les gains subjectifs du mensonge. La quasi-obligation invoquée, à laquelle se trouverait acculé le menteur pour ne pas faire de peine à la personne à laquelle il ment, passe au second plan derrière le bénéfice qu'il tire du mensonge. Par son intermédiaire, quelque chose est créé plutôt que rien, qui confère au menteur une propriété supplémentaire. Là réside l'essence du mensonge : induire un système de gains plus grand et plus puissant que le circuit de la mauvaise conscience engendré par la perte de la parole de vérité due à autrui.

Aux origines du mensonge

La pièce de théâtre écrite par la philosophie morale est célèbre. Elle est due à Kant qui en écrit tous les actes en condamnant de façon absolue le mensonge. Il écrit : « La véracité dans les déclarations que l'on ne peut éviter est le devoir formel de l'homme envers chacun, quelque grave inconvénient qu'il puisse en résulter pour lui ou pour un autre[1]. » On remarquera qu'il maintient, comme une porte entrouverte, la possibilité du silence, de ne pas dire quand cela est encore possible et qu'il analyse la déclaration de mensonge comme un mal fait à autrui mais surtout à soi-même. Kant pousse l'interdiction du mensonge si loin qu'il se fourvoie. Car, sous couvert de ne justifier aucun mensonge, il en vient à légitimer la parole de vérité prononcée au policier venu chercher un malheureux qui s'est caché chez soi. Au policier qui demande si quelqu'un se trouve à l'intérieur, nous avons le devoir pour Kant de dire la vérité même si la conséquence peut être funeste pour le fuyard. C'est que le mensonge ne peut même pas être une exception, y compris lorsqu'il se fait en vue du bien d'une personne. Le raisonnement de Kant est sans aucun doute trop simple pour être légitimé : chaque fois que nous mentons, nous dégradons l'humanité dans notre personne en nous considérant comme un moyen au service d'une fin plus grande que l'humanité et ainsi, en nous déshonorant nous déshonorons l'humanité tout entière en notre personne. Le mensonge déshumanise la personne à laquelle il s'adresse en lui retirant la capacité de raisonner et en la traitant comme un moyen au service d'une fin qui lui est extérieure. Il est donc littéralement immoral, si par morale on entend l'impératif catégorique qui consiste à « traiter autrui toujours comme une fin et jamais comme un moyen ». Mais le mensonge déshumanise le menteur également dans la mesure où, en décidant d'agir en cachant la vérité, il dévalorise la raison morale en lui et en vient à se traiter lui-même comme un moyen au service d'une fin qui lui est extérieure et qui réside dans un mobile sensible particulier. Ainsi, la scène du mensonge est bien celle des moyens et de l'effacement de la fin morale.

Le raisonnement de Kant est sans aucun doute problématique mais il révèle une interrogation fondamentale : comment rester une personne humaine, c'est-à-dire pleinement morale, dans la vie ordinaire ? En quoi le fait de désirer mener une vie juste implique une critique radicale de l'acte de mentir ?

L'intuition de Kant est qu'il n'existe pas de distinction entre grands et petits mensonges car mentir est un acte total qui mobilise la « psyché » d'intense façon puisque le menteur doit non seulement être crédible mais se souvenir parfaitement des éléments constitutifs du mensonge. Sans quoi il court le risque d'être démenti par la faiblesse de sa mémoire et par l'impossibilité de réitérer l'argument sous-jacent au mensonge. Le drame du menteur n'est pas tant l'incrédulité de l'autre que sa propre faculté d'oubli. C'est pourquoi l'acte de mentir implique toute une énergétique psychique, une économie du rappel qui tient à l'impossibilité d'oublier le mensonge que le menteur souhaiterait précisément effacer. Une chose est de mentir un jour, autre chose est d'assumer le mensonge les jours suivants avec les mêmes motifs, le même ordre des choses. Il n'y a donc aucun repos pour le menteur. Engagé dans le mensonge il ne peut s'en dégager tellement la vie psychique du menteur ne lui appartient plus car il est sans cesse rappelé aux détails du mensonge qu'il souhaiterait pourtant effacer en raison de la crédulité voire de la personne bernée. Il faut alors dire que le menteur ne s'appartient plus : c'est en premier lieu en ce sens qu'il a perdu la forme de son « soi ».

S'il n'y a plus le moindre sens à pouvoir se dire encore à soi lorsque l'on ment, c'est d'abord parce que le mensonge nous éloigne de la possibilité de dire « je ». Qu'est-ce que dire « je » si « je » suis un autre au point de ne plus être moi quand je parle ? Pour pouvoir dire « je », il faut que la scène relationnelle qui implique les autres ne soit pas détruite par la performativité du mensonge. Le mensonge est précisément une performance qui soustrait celui qui dit « je » lorsqu'il est devant un autre sujet de la possibilité de dire « je ».

Dans quelle mesure le mensonge est-il l'acte relationnel qui tue la relation ? Alors que « je » semble s'adresser à un « tu » qui est apparemment confirmé dans sa subjectivité par la parole qui le vise, mais qui en réalité est destitué comme sujet puisque la parole qui le vise ne cherche qu'à le tromper, le « je » dans le même temps s'anéantit également comme sujet puisqu'il perd la possibilité de dire « je ». Le mensonge est donc une scène de destruction totale : il est la relation qui tue la possibilité même de la relation. Y recourir, c'est éteindre le dialogue avec autrui en même temps que l'on éteint le dialogue avec soi.

On comprend mieux dès lors pourquoi il n'y a pas de grand ou de petit mensonge. C'est que mentir engage la totalité d'un être même lorsqu'il porte sur une petite chose. C'est le paradoxe du mensonge : il mobilise l'entièreté de quelqu'un à propos du plus petit détail insignifiant. Certes, certains mensonges sont proférés pour ne pas faire de peine à autrui et ont ainsi leur utilité. Certes, nous pouvons également ne pas avoir pleinement conscience de la portée réelle du mensonge mais il reste que le mensonge, même quand il porte sur une broutille, n'est jamais un détail mais toujours une entaille. Ce qui est entaillé, c'est l'enveloppe interne de son être, l'idée, certes vague mais présente, d'une convergence nécessaire de ses désirs, de ses pensées, de ses manières d'être. Ce qui donne sens à l'être intérieur, la présence à soi, disparaît dans l'acte de mentir. L'oubli de soi en est la conséquence inéluctable car se remémorer le type de subjectivité que l'on est lorsqu'on ment est proprement intenable.

La vie psychique du menteur

Si l'oubli est la condition du mensonge, alors même que mentir implique de se souvenir des moindres détails du mensonge pour que ce dernier puisse garder son efficacité, alors la vie psychique du menteur se développe à l'intérieur d'une scène de prestidigitation très périlleuse car il n'est pas évident d'oublier que l'on est un menteur tout en se souvenant des moindres détails de son mensonge.

Tout se passe donc comme si le mensonge réussi s'effaçait de la vie psychique du menteur alors que les éléments particuliers du mensonge sont gardés à la mémoire. Pour atteindre une telle prouesse, il doit donc successivement déchoir comme élément central de la structure subjective du menteur et se fixer sur les éléments de détail qui le constituent. Le menteur ne peut y parvenir qu'à la condition de finir par croire à ce qu'il dit. C'est en parvenant à se convaincre que le menteur peut s'abolir comme menteur, tout en préservant la totalité des données élémentaires de son mensonge comme autant d'informations précieuses détachées de l'acte initial du mensonge et conservées comme de simples informations.

Si nous savons tous pertinemment que l'efficacité du mensonge repose sur sa capacité à se soustraire à la conscience du menti grâce à l'inventivité et à l'ingéniosité du menteur, nous oublions qu'elle repose également sur sa capacité à se soustraire à la conscience du menteur. C'est là que réside l'efficacité du mensonge : parvenir à se retirer de la conscience du menteur comme du menti alors qu'il y a pourtant rapt initial, dépossession première. Quand quelqu'un est menti, quelque chose lui est ravi auquel il n'aura pas accès qui construit pourtant sa conscience sur la base d'un vol originaire. Quand quelqu'un ment, en ôtant la vérité à l'autre et en la gardant pour soi, il se développe en se dissimulant à soi-même pour mieux vivre le mensonge comme une chose allant de soi. Menti, on entre dans le monde des autres, privé par avance de la possibilité d'être soi-même puisque son être dépend pour une large part de la falsification opérée par le mensonge. Mentant, on fabrique son monde au détriment de celui des autres. Menti, on est un prisonnier sans conscience d'être en prison.

Menteur, on est un colon voulant prendre possession des terres de l'autre.

Mais l'essentiel est sans aucun doute que le mensonge, en se déployant, est sans cesse dédramatisé comme mensonge par le menteur lui-même. Le mensonge réussi est en effet le mensonge qui se vide de lui-même en s'effectuant. Trompeur par essence, il finit par tromper le menteur en le convainquant qu'il n'existe pas. Il s'efface aussitôt qu'il a réussi et ne lui revient, tel un boomerang, en pleine tête, que lorsqu'il aura été remarqué, consigné, conscientisé, perçu par celui auquel il s'adresse comme un tort inexcusable. Au contraire, moins il est remarqué, plus il réussit et plus il peut disparaître comme mensonge pour réapparaître ultérieurement afin, à nouveau, de pouvoir disparaître. La condition de son engendrement est ainsi sa propre capacité à s'effacer une fois commis. C'est à croire qu'il n'a presque pas existé, c'est à croire qu'il n'était presque rien puisque tout son être est tendu vers son disparaître qui est alors bien un disparu-être. La vie psychique du menteur est possible parce qu'elle parvient à abolir le mensonge qui pourtant la fabrique.

Le mensonge comme création

Il existe cependant un aspect très puissant du mensonge : la création d'un monde qui appartient en propre au menteur et dans lequel il évolue comme le créateur d'un royaume qu'il possède de façon exclusive et à l'intérieur duquel il emmène le menti qu'il promène littéralement de salle en salle, mais toujours à des places assignées par lui seul. Car de ce royaume il est le maître exclusif et le menti n'y pénètre que sur « invitation » du menteur. Le mensonge fait pénétrer le menteur dans un labyrinthe d'obsessions, de souvenirs à réitérer sans cesse, de culpabilités infinitésimales et illimitées, mais sa promesse se fait fort d'en effacer la négativité en visant l'édification d'un univers tout à son seul avantage, au nom sans aucun doute d'une vie idéale, d'une vie rêvée (dont le mensonge se fait instrument de réalisation), mais d'une vie qui reste néanmoins falsifiée. C'est là la puissance totalitaire du menteur dont la mégalomanie s'anime grâce au vertige démiurgique d'une création de monde induite par le contrôle constant de la personne qui subit le mensonge et qui se voit assignée à une place dont elle n'a pas conscience puisqu'elle se croit à tort à égalité avec la personne parlante.

La psyché du menteur est ainsi proche de celle du paresseux. Le procrastinateur se rêve maître de ses mondes puisqu'ils sont préservés en n'étant jamais entamés par le surgissement de l'échec dans la réalisation *hic et nunc* et en se voyant toujours reportés au lendemain. Dans un registre voisin, le menteur est maître de son rêve : disposer des autres comme bon lui semble. Mais là où le rêve de paresse maintient intacte la possibilité d'entreprendre demain, le menteur passe à l'acte et fait pénétrer contre son gré la personne sujette au mensonge dans son univers idéalisé. La procrastination est rêve de maintenir intacts tous ses univers, alors que le mensonge est violence pour imposer son univers aux autres et à leur insu. Le procrastinateur rêve au pouvoir qu'il n'a pas mais qu'il aura demain. Le menteur exerce le pouvoir qu'il a aujourd'hui mais qu'il n'aura peut-être plus demain, si son mensonge est percé à jour. Dès lors, tout ce qui sépare le paresseux du menteur tient dans l'extrême affairisme de ce dernier. Mentir, c'est s'agiter en permanence, s'activer. Le mensonge est travail sur les autres alors que la procrastination est rêve de travail sur soi.

De cette dissymétrie entre paresse et mensonge il est possible de retenir la leçon suivante : la création du mensonge est toujours une création induite d'une prise de pouvoir sur un autre, potentiellement renouvelable à tous les autres, dès lors que sa profération est répétée à l'identique. C'est un aller sans retour, une certaine façon de disposer de l'autre sans lui permettre de disposer de soi, dont l'origine est le gain escompté grâce au mensonge.

Portrait du menteur en gagneur

C'est là que gît l'essence sociale du mensonge. Celui-ci n'est pas autre chose que la mise en place d'une stratégie où ce qui est escompté de lui est la production d'un gain. Le menteur se désire gagneur et est prêt à tout pour parvenir à son gain. Il n'est plus tant une existence préoccupée par le souci de soi et le souci des autres, mue par un désir de vie authentique, qu'un capitaliste qui entend maximiser ses profits par l'intermédiaire de la dissimulation, de la tromperie et de la falsification.

Le gain est à la fois jeu et gagne. Le menteur joue avec la personne crédule dont il tente d'abuser comme un chat avec la souris, ne lui laissant prendre la tangente que pour la ramener entre ses pattes. Cette dimension du jeu est révélatrice de la créativité du mensonge mais elle est surtout le médium par lequel le menteur prend le pouvoir sur une personne en la conduisant vers la fiction inventée par lui seul.

Il faut s'imaginer que la passion de mentir ne vient pas d'un seul coup. Elle trouve naissance dans les bénéfices auxquels le mensonge donne naissance. Le menteur se rêve gagneur, constate qu'il gagne en mentant une première fois, ment une seconde fois car il espère gagner plus par un nouveau mensonge. Le pli est pris : pourquoi s'arrêter en si bon chemin ? La question est alors de savoir pourquoi le désir de gagner s'impose à ce point qu'il fraie le chemin du mensonge, le dédramatise, le rend nécessaire.

À analyser plus profondément cet attrait du gain, on en est conduit à l'idée qu'il existe une économie du mensonge au sens littéral, qui prend place dans l'économie productive d'une société. La thèse peut surprendre mais elle mérite réflexion tant le mensonge est une possibilité sociale centrale pour qui souhaite convertir les obstacles en opportunités et parvenir ainsi à jouer gagnant sur tous les tableaux.

Parler d'une économie du mensonge revient à souligner que le mensonge est un investissement social en attente d'un profit. Comment cette attente peut-elle naître si ce n'est qu'elle est préparée par le rôle de l'économie marchande dans la formation de soi au sein des sociétés contemporaines ? Notre vie psychique est largement construite non seulement par la référence à des biens à posséder, par tout un ensemble d'avoirs convoités, mais plus encore par l'idée du profit et du gain à acquérir.

Les possibilités technologiques

Les possibilités technologiques sous-jacentes à l'exposition de soi contemporaine nous exposent structurellement à la possibilité de mentir. Être sur les réseaux sociaux, c'est toujours se présenter à son avantage, c'est mentir sur soi au sens où le mensonge est la condition de l'exposition de soi réussie. Mais ce mensonge sur soi peut également être un mensonge aux autres puisque la manière dont on s'expose sur tel réseau peut être tue à son entourage, précisément parce qu'elle n'est pas exacte. Par ailleurs, combien de personnes tchattent, pénètrent des sites de rencontre en le taisant à leurs compagnes ou à leurs compagnons ? L'auteur Falk Richter l'a suggéré dans l'une de ses pièces sur la confiance, *Trust*, sous la forme d'une aporie : comment faire confiance à la personne que l'on aime lorsque celle-ci ne cesse de se déformer et de se reformer dans l'exposition d'elle-même sur les réseaux ? Au point de mentir à son entourage, de cacher des dialogues que l'on tient à des inconnus sur les réseaux ou sur des sites, d'avancer des scénarios de rencontres réels ou fantasmés[2]. L'invention de la double vie est une conséquence quasiment logique de la démultiplication des dispositifs virtuels, de la culture des écrans.

De ce point de vue le mensonge ne s'oppose pas tant à la vérité qu'à la confiance. Le menteur connaît la vérité mais la garde pour lui. En revanche, son problème vient de ce qu'il n'inspire pas (plus) confiance, une fois qu'il est découvert. Nietzsche le notait avec une grande lucidité : « Ce n'est pas ton mensonge qui me bouleverse, mais de ne plus te croire[3]. » La confiance ne relève pas d'une disposition psychologique, elle est un acte qui n'a de sens que s'il est réitéré dans des contextes différents. Il est même de l'essence de la confiance qu'elle soit sans cesse performée pour être engendrée. C'est dire que la confiance est une durée d'acquiescement témoignée envers quelqu'un. Dès lors, le mensonge en dissout la temporalité, la fragmente et finalement l'éteint en isolant le sujet à qui s'adresse le mensonge dans le seul instant de sa profération. La magie supposée du menteur tient à ce qu'il croit que le mensonge se laissant enfermer dans sa seule énonciation, il disparaîtra aussitôt après, par enchantement et laissera intacte la durée de confiance dans laquelle se trouve établie la relation entre deux ou plusieurs personnes.

Cette analyse doit être immergée dans la vie sociale pour acquérir sa véritable signification. Car nous sommes d'autant plus conduits à mentir en raison de nos attachements sociaux que, tenant à chacun d'eux, nous ne souhaitons nous amputer d'aucun et cherchons, de façon quasi divine, à rendre tout compatible. La société nous fait croire à la possibilité de ne renoncer à rien. Elle suggère qu'il est possible d'être un très bon compagnon tout en allant sur des sites de rencontre incognito sur Internet. Elle sous-entend même que cacher des éléments de sa vie peut être bon pour l'autre. Il y a, en réalité, la création d'un marché des conduites humaines dont la condition de possibilité est que certaines actions soient cachées à ses proches de façon systémique. Dans cette perspective d'illimitation des désirs de se conduire vers des plaisirs variés et potentiellement contradictoires, le pacte de confiance s'avère particulièrement délicat.

La plongée dans les normes

La présentation idéalisée de soi sur Internet n'est qu'une facette du monde des normes dans lesquelles nous vivons. C'est la position contradictoire que nous occupons dans les normes qui nous constitue structurellement comme sujets menteurs. Là encore, et il est inutile de renvoyer à Nietzsche sur ce point même s'il a été le seul à être clairvoyant concernant la fiction de la volonté et de la causalité psychique, nous nous référons faussement à une psychologie pour analyser le mensonge comme la conséquence d'une volonté de mentir alors que nous devons comprendre que nous sommes situés socialement en position d'être menteurs.

Il suffit, pour le comprendre, de garder à l'esprit que les normes sociales ne sont en aucun cas homogènes[4] et qu'elles tirent les sujets dans des directions hétérogènes. Contrairement à ce qu'avait pu laisser entendre Michel Foucault dans *Surveiller et punir*, à propos des normes de la discipline, celles-ci ne forment pas système, et n'ont donc, en aucun cas, la possibilité de produire un sujet uniforme et cohérent. Il est possible de multiplier les exemples mais on peut se contenter d'un seul. Tandis que la norme du travail implique la réalisation de soi dans un temps de l'employabilité potentiellement élargi à toute la vie, les différentes normes de parentalité suggèrent au contraire de prendre tout le temps nécessaire pour se rapporter à son enfant. Comment donc un sujet peut-il alors tenir dans des normes, à ce point hétérogènes, sans s'efforcer d'une part de les réaliser à sa manière en en faisant un usage subjectif qui lui permette de continuer à se viser comme sujet des normes, mais sans se résoudre aussi, d'autre part, à les honorer dans leur incohérence, quitte à se trouver en position de devoir rendre des comptes ? Une personne qui travaille de façon zélée peut-elle, sans honte aucune, expliquer qu'elle se réalise dans son travail alors même qu'elle a un enfant ? N'est-elle pas contrainte d'en rajouter sur l'effet coercitif de la norme de travail pour « faire passer la pilule » ? C'est dans cet automatisme apparemment psychologique, en réalité sociologique, que réside l'inéluctabilité du mensonge. Mentir n'est pas nécessairement décider de mentir, mais être à ce point soumis à une norme dans une forme de vie d'une importance extrême comme celle liée au travail que l'impossibilité de se soustraire à cette norme induit des omissions à l'entourage, une occultation des contraintes qui s'apparentent à des mensonges. Le mensonge n'est pas prononcé explicitement mais il intervient comme une soupape de sécurité dans le monde contradictoire des normes.

Qu'est-ce qu'être sujet des normes lorsque l'on est sujet aux normes ? Comment parvenir à se rapporter à soi dans des logiques sociales disparates qui réclament des conduites spécifiques, attentives et répétées ? Le père et la mère soumis aux pressions de leur travail n'ont pas nécessairement la liberté de se rapporter à leur enfant comme ils l'entendent. Pour autant, peuvent-ils se dire qu'ils vivent sous la plus haute contrainte et qu'ils n'ont pas réellement le choix ? N'est-ce pas plus « simple » de falsifier la réalité, de ne pas rajouter à l'angoisse de l'enfant, et d'être ainsi conduit à mentir en disant seulement que « papa » ou « maman » est au travail et qu'il ou elle doit rentrer tard ? Comment expliquer que l'on peut « rentrer plus tôt » mais au risque redouté de ne pas avoir de promotion, de passer pour quelqu'un d'insuffisamment ambitieux ? L'ambition serait-elle préférable à l'éducation de son enfant ?

Dans l'autre sens, comment prendre le risque d'annoncer à son employeur que l'on quittera le travail aux heures légales pour prendre tout le temps nécessaire à l'éducation de son enfant ? N'est-il pas préférable de suggérer un empêchement, un rendez-vous professionnel à l'extérieur, voire une activité sportive nécessaire à l'équilibre de soi dans le monde du travail ?

Si être sujet implique la possibilité de faire à distance des normes, ainsi que le suggère Georges Canguilhem, la possibilité de s'éloigner de certaines normes est liée à la possibilité de les hiérarchiser. Le mensonge apparaît, dans ce contexte, comme un élément du refus de la hiérarchisation. Mentir revient alors à s'arranger avec une norme, à la décontenancer de l'intérieur de son développement.

L'habitude de mentir, une passion sociale ?

Mais alors, en quoi le mensonge pourrait-il valoir comme une passion sociale ? Examinons les conséquences de cette disposition sociale au mensonge. Si mentir est une conséquence de notre attachement paradoxal aux normes, où en être c'est ne pas être à soi, il en résulte que le mensonge n'est pas une anormalité mais bien une possibilité de vivre dans des normes par nature écartelantes. Il existe dès lors une routinisation du mensonge. La possibilité de s'en sortir à l'intérieur des contradictions sociales dans lesquelles nous sommes placés dépend pour une grande partie de notre capacité à occulter des éléments de la vie sociale qui posent problème aux yeux des autres. Puis-je dire aisément que la culture de métier impose une ou deux sorties par semaine avec les collègues ? Ne vaut-il pas mieux dire que l'on travaille plus longuement au bureau ce soir-là pour rendre un dossier urgent et que c'est la norme dans l'entreprise ? Par-delà ces exemples dont on remarque qu'ils sont tous liés au monde du travail, il faut bien analyser le rôle social du mensonge : s'en sortir à son avantage dans des situations potentiellement désavantageuses. Le menteur, nous l'avons dit, est un gagnant qui n'aime pas perdre : il se trouve pris dans la logique de l'accumulation capitaliste où il faut, sinon vouloir tout posséder, du moins s'exposer en permanence à son avantage pour présenter la meilleure image de soi afin de passer pour un gagnant. Le mensonge se présente ainsi comme un embellissement de soi, un travestissement pour mieux apparaître tel qu'on le souhaite, et dont le gain escompté participe de cet embellissement.

Il y a, pour le formuler autrement, un désir de s'exposer qui répond à la manière dont on aime que les autres nous voient et qui implique structurellement la dissimulation et la falsification de l'image de soi pour faire en sorte que le rêve intérieur, se rêver tel qu'on aimerait être, devienne l'image extérieure, être perçu par les autres de l'intérieur de ce rêve. Le menteur est d'abord celui qui adhère à ce point à l'image qu'il se fait de lui-même que c'est d'abord elle qu'il présente aux autres, au risque de toutes les manipulations. Le romancier américain Paul Auster en exhibe parfaitement la logique lorsque, retraçant le portrait de son père défunt, il souligne sa tendance compulsive au mensonge pour se sortir de tout mauvais pas : « Chaque fois qu'une situation devenait embarrassante, chaque fois qu'il se sentait acculé à l'obligation de se démasquer, il s'en sortait par un mensonge. À force, le mensonge était devenu chez lui automatique, il s'y adonnait par goût [...]. Mentir était une façon de s'assurer une protection[5]. » Cette défense de soi devient, de fait, une manipulation : « Ce que les gens voyaient quand ils l'avaient devant eux, ce n'était donc pas lui mais un personnage inventé, une créature artificielle qu'il pouvait manipuler afin de manipuler autrui. Lui-même demeurait invisible, marionnettiste solitaire tirant dans l'obscurité, derrière le rideau, les ficelles de son alter ego[6]. »

Cette perfection fantasmée comme norme de présentation de soi, qui peut trouver son origine dans l'embarras de certaines situations ainsi que le suggère Paul Auster à propos de son père, est l'une des origines du mensonge : il est évident qu'elle ne peut être comprise que de l'intérieur des normes sociales de l'embellissement de la présentation de soi qui structurent une grande partie de notre société. L'économie du mensonge s'intègre dans la logique sociale de la présentation de soi magnifiée : on s'emploie par des petits bouts, comme des petites touches de peinture, pour améliorer le tableau, à mentir ; le mensonge n'apporte alors rien excepté précisément, et c'est l'essentiel, cette adéquation permanente à l'image sociale de soi.

Ce n'est cependant pas la seule dimension de la passion sociale du mensonge. Si d'un côté, le mensonge est idéalisation, de l'autre il est routinisation, et ces deux dimensions du mensonge travaillent ensemble : l'une tire vers le haut tandis que l'autre tire vers le bas. Qu'est-ce à dire ? Par souci de coller à des normes divergentes, et d'apparaître chaque fois sous l'angle le plus flatteur, le sujet tend à idéaliser son autoprésentation de soi au point de falsifier sciemment son autobiographie dans la mesure où elle est adressée à d'autres sujets souvent virtuels par l'intermédiaire des réseaux sociaux. Mais il ne peut y parvenir que si, à chaque moment de sa vie, il gomme les aspects désobligeants de son être, ou compromettants, pour coller à cette image de soi. Autrement dit, c'est par l'accumulation de micromensonges routiniers que peut tenir la glorification idéalisée de soi. Ce qui est alors en cause dans le mensonge, c'est le fait qu'il se solidifie en mécanisme, en habitude : à la limite, l'idéal du mensonge est qu'il devienne une habitude telle que même le menteur ne se rend plus compte qu'il ment. L'automaticité du mensonge se déplie quand on ment alors qu'on n'en a même plus besoin, quand l'art de mentir s'autonomise au point de devenir sa propre fin. Mais en réalité, même dans les cas où il semble que mentir ne serve à rien, il y a toujours une passion sociale à l'œuvre dans le mensonge, répondant au désir, grâce à cette façon de mentir par petites touches, de s'exposer de la façon la plus parfaite aux yeux des autres. Comment ne pas comprendre alors cette hyperbolisation de soi autrement que comme ce que le penseur situationniste Guy Debord a nommé « la société du spectacle » pour faire référence à la façon dont les sujets sont structurellement pris et situés dans des normes sociales qui impliquent des logiques de présentation de soi ? Le gain narcissique est-il alors l'effet escompté du mensonge ? Le menteur est-il donc un anxieux qui préfère dissimuler ses failles et ses fragilités plutôt que se faire reconnaître en elles ? Si tel est le cas, la généalogie sociale du mensonge présuppose une interrogation centrale sur la construction de la norme sociale de la présentation idéalisée de soi à l'origine de tous les mensonges du quotidien.

Il n'existe pas une seule image idéalisée de soi. Pour l'un, elle impliquera d'être sans faille aucune tandis que pour l'autre, elle se signalera par la construction d'une faiblesse constamment mise en avant. Le premier préférera ne jamais avouer qu'il a mal alors que le second ne cessera d'exagérer le moindre de ses petites blessures, quitte à les inventer, pour apitoyer l'autre et le maintenir sous sa dépendance. On voit par là où s'achemine le mensonge : vers l'accroissement de la dépendance du sujet menti à l'égard du sujet menteur et vers une forme de prise de pouvoir permanente que le menteur conquiert, grâce au mensonge, sur le sujet menti. Mais alors l'essence du mensonge, si tel est le cas, n'est autre que la passion du pouvoir.

Ne plus désirer le pouvoir !

Le sens du raisonnement pratique qui en découle est le suivant : pour ne plus mentir, il faut lâcher le pouvoir. Michel Foucault l'écrivait déjà dans la préface qu'il consacrait à l'édition américaine du livre de Gilles Deleuze et Félix Guattari, *L'Anti-Œdipe* : « Ne tombez pas amoureux du pouvoir[7] ! » Lui qui comprenait le livre des deux philosophes français comme une « introduction à la vie non fasciste » et faisait reposer cette attitude sur la déprise à l'égard du pouvoir, rendue d'autant plus nécessaire que les pouvoirs s'incorporent à nos conduites, les transforment et font advenir de nouvelles manières d'être sujets qui impliquent toute une « vie psychique du pouvoir ». Selon Foucault, l'art de vivre non fasciste implique « la traque de toutes les formes de fascisme, depuis celles, colossales, qui nous entourent et nous écrasent, jusqu'aux formes menues qui font l'amère tyrannie de nos vies quotidiennes[8] ». Mais qu'est-ce que tomber amoureux du pouvoir si ce n'est précisément être pris dans les registres de falsification de soi qu'implique le désir de pouvoir ? Désirer prendre le pouvoir sur autrui, c'est se situer explicitement dans une volonté de le gouverner dont le fascisme est sans aucun doute l'écueil ultime. Cette volonté de gouverner l'autre est clairement introjectée dans la psyché de chaque sujet car notre consentement aux normes sociales présuppose des registres de subordination qui se soldent par le désir de dominer les autres. Dans cette perspective, le mensonge est bien l'un des instruments majeurs de la domination au quotidien. Mentir, c'est disposer de l'autre, c'est prendre le pouvoir sur lui par la dissimulation de ce qui lui permettrait de se situer à égalité avec soi.

S'exercer à ne pas mentir, cela ne se fait pas en un jour tant les gains du mensonge sont nombreux. Mais l'un des moyens les plus efficaces pour y parvenir est précisément de revenir à la cause du mensonge, le pouvoir pris sur l'autre dans l'acte même de mentir, et de le lâcher au maximum dans sa vie quotidienne. Comment vivriez-vous au quotidien si vous lâchiez le pouvoir partout où vous pouvez ? Il s'agit moins d'une désertion que d'une interruption. Il faut tout faire pour interrompre le pouvoir afin qu'il ne passe pas trop par nous. La transformation de nos conduites qui résulte de cet acte éthique rend seule possible une autre façon de se rapporter à autrui en laquelle le mensonge n'apparaît plus indispensable. Autant l'on ment pour maintenir un pouvoir sur autrui, autant abandonner l'idée même d'exercer un pouvoir sur une autre personne fait perdre au mensonge sa raison d'être et son attraction. Si le mensonge s'inscrit dans une économie de la prise de pouvoir sur autrui, abandonner l'économie du pouvoir qui le sous-tend, c'est littéralement laisser tomber le mensonge.

L'une des conditions de ce retrait dans l'investissement à l'égard du pouvoir est la perception de l'absolue égalité des vies. Puisque toutes les vies sont égales, puisque nous présupposons, au sens de Rancière[9], l'absolue égalité des vies, alors le mensonge devient littéralement indésirable car il institue l'inégalité entre les vies proches ou moins proches et met fin à l'idée même d'égalité. La conséquence est alors que seul le désir d'égalité permet l'effacement progressif de la zone d'extension du mensonge. Un tel désir n'a rien d'abstrait. Il est lié à la somme des conduites quotidiennes par lesquelles on abolit la prise de pouvoir sur les autres dans nos vies. Il existe donc un art de vivre l'égalité, une éthique du partage qui rend obsolète le mensonge.

Cette décision radicale d'un refus du moindre gain issu de la prise de pouvoir abusive sur un proche ou sur quelqu'un d'autre, vous ne pouvez la prendre que si vous décidez de vous écarter de l'image idéalisée que vous avez de vous-même lorsque vous mentez et que vous vous sentez tout-puissant. Si vous avez touché du doigt, lors d'un mensonge, l'extrême désorientation qui en résulte, la peur panique de ne plus savoir qui vous êtes, alors même que vous triomphez grâce à lui, alors vous n'avez jamais été si près d'une conversion à vous-même ; c'est le moment de bascule tant attendu à partir duquel vous allez revenir à vous de la façon la plus humble qui soit et la moins tyrannique, pour reconquérir votre puissance d'être et remonter vers la joie.

Chapitre IV

L'envie

L'égoïsme et l'altruisme négatif

Les passions dangereuses de l'individualisme négatif qui viennent d'être analysées, dans leur montage social mais aussi dans la possibilité de les juguler voire de les court-circuiter, constituent trois visages de l'égoïsme si l'on définit ce dernier comme le désir non seulement de ramener à soi ce qui en droit, sinon en fait, peut appartenir à l'autre, mais plus encore de tirer la couverture à soi partout où cela s'avère possible. Ce que les linguistes nomment la catachrèse, l'art de détourner un mot, une phrase, une expression de son contenu explicite pour lui conférer une nouvelle signification, s'avère être un art social par lequel un sujet qui est pris dans les normes le constituant comme sujet parvient à revenir à lui dans l'art d'user des normes à son avantage. La catachrèse est l'art social permettant à l'ego d'étendre sa zone d'influence au sein des normes qui le constituent. D'un côté, nous sommes pris dans des dispositifs, dans des jugements de valeur, dans des normes qui nous produisent comme sujets, mais d'un autre côté nous tournons ces dispositifs, ces jugements, ces normes à notre avantage pour consolider notre subjectivité. Il s'avère réellement pertinent, plutôt que de dénoncer les vices psychiques de la paresse, de la lâcheté et du mensonge, de les interpréter comme des arts de vivre en milieu social. Grâce à eux, quelqu'un peut tenir la place qu'il occupe dans le monde social. La paresse est l'art de vivre dans les dispositifs, de passer de l'un à l'autre, sans jamais en sortir. La lâcheté est l'art de vivre à une place à laquelle on a été assigné sans oser en sortir. Le mensonge est l'art de vivre dans un ensemble de normes discordantes. L'expression « art de vivre » peut choquer mais elle suggère que celle ou celui qui s'adonne à cette passion essaie de tirer un bénéfice de toutes les contraintes qu'il subit. Le paresseux, le lâche et le menteur sont d'abord des sujets sociaux qui s'efforcent de consolider leur ego dans le monde social où ils se trouvent. Soit ils adhèrent à ce point aux dispositifs de divertissement que leur forme-sujet en épouse les contours. Soit ils adhèrent aux places que les supposés « grands » apposent sur les supposés « petits » et n'osent plus s'en écarter. Soit enfin ils adhèrent à ce point aux normes que les gains des mensonges induits de cette appartenance sont plus forts que tout.

Il reste que nous sommes là dans une économie de l'égoïsme qu'il faut rigoureusement distinguer des deux passions de l'altruisme négatif que sont l'envie et la jalousie. Aucune des passions n'est identique aux autres et tous leurs mécanismes doivent être soigneusement distingués. Le mensonge est fondé sur la relation à autrui ici systématiquement instrumentalisé au profit du menteur, alors que la paresse est désir de se passer d'autrui, là où la lâcheté est d'abord l'acceptation de l'assignation de soi par les autres à une place estimée infranchissable. Chacune de ces trois passions, cependant, précisément lorsque sa logique sociale est incorporée par un sujet au point de le tenir psychiquement – au sens où le joueur est tenu par le jeu, à la fois tiraillé, obsédé et désarmé par lui –, représente l'effort le plus abouti pour rester soi-même en dépit de tout le reste. Ces passions sont dangereuses car elles s'offrent comme des célébrations inconditionnelles de l'ego et qu'elles vident le sujet de toute inquiétude à l'égard du monde ainsi que de toute dette à l'égard des autres. Le menteur peut être rongé de culpabilité, le paresseux peut s'inquiéter de l'absence de toute disposition à l'effort, le lâche peut désirer remettre en question la lâcheté dans laquelle il se sent pris, mais le mensonge, la paresse, la lâcheté sont des passions dangereuses car elles sont des médecines suffisamment puissantes pour calmer de telles inquiétudes.

La routinisation progressive de leurs mécanismes en exclut toute logique négative au point que le menteur finira inévitablement par s'énerver contre celle ou celui qui le surprend à mentir, s'employant dès lors à le persuader qu'elle ou il a tort : pris en flagrant délit de mensonge, le menteur y croit à ce point qu'il n'éprouve plus la conscience malheureuse lui permettant de réaliser qui il est. C'est dire que le mécanisme du mensonge est une drogue capable d'effacer le remords du menteur. À force de mentir, le menteur croit à son mensonge qui finit par devenir une vérité : et de fait, le menteur chronique ment tellement que le mensonge est bien devenu sa vérité au point qu'il ne peut plus le chasser de sa structure d'être.

La lâcheté qu'est la passion de demeurer à sa place n'est-elle pas, après tout, de même nature ? Le lâche n'est-il pas celui qui confond son existence avec sa place sociale au point de ne plus pouvoir imaginer en changer sans se dissoudre ? Si tel est le cas, alors il y a lâcheté quand la subjectivité s'est à ce point refermée sur la place qu'elle occupe, de classe, de genre, raciale, familiale, etc., qu'elle déserte par avance tout désir de changer et se confond dès lors avec le type de structure d'être qui est la sienne dans la place occupée. Le lâche tend alors à être refermé sur lui-même comme une huître, même et surtout si cette caractéristique repose sur une construction sociale en rapport à la domination, c'est-à-dire en somme à l'accaparement des places par les puissants.

Que dire enfin du paresseux qui a choisi d'adhérer à ce point aux dispositifs qu'il n'est plus que leur traduction permanente en série d'actions destinées à les entretenir, en se vidant, dès lors, de toute autre potentialité, de tout risque d'exister ? Le paresseux ne désire qu'une chose : se maintenir au fond de la paresse dans laquelle il se retrouve entièrement sans le moindre déphasage.

Pour ces trois passions, un sujet s'emploie à revenir à lui en dépit des autres, il s'efforce de se refermer sur lui-même : la passion est dangereuse car elle lui fournit très aisément cette possibilité.

Il est certain que cette structure de la passion négative ne peut être maintenue pour les passions de l'envie et de la jalousie tant elles sont construites au niveau même de la relation à l'autre. Mais tel était le cas pour le mensonge également qui, de ce point de vue, joue le rôle d'intermédiaire entre les passions de l'égoïsme et celles que je me propose d'appeler les passions de l'altruisme négatif. Car le menteur présuppose l'autre pour le nier comme autre alors que l'envieux et le jaloux ne parviennent jamais, et c'est leur drame, à effacer les sources de l'envie et de la jalousie et à faire disparaître l'autre. Là au contraire le sujet s'inquiète de la place des autres qu'il ne peut résorber dans un système d'égoïsme ambiant et c'est bien cette inquiétude qui est à l'origine des deux passions.

L'inquiétude

L'envie et la jalousie naissent de l'inquiétude et y retournent constamment comme à une source vive. Quelle est au juste cette inquiétude si ce n'est le sentiment que nous sommes incomplets et que malgré tous nos efforts pour revenir à nous-mêmes nous ne parvenons pas à nous unir à nous-mêmes car nous sommes ravagés par le sentiment que les autres existent et que cette existence nous sollicite, pour le meilleur (amour, amitié) mais aussi pour le pire (convoitise, obsession) ? Et si l'autre possédait plus que moi ? S'il aimait la même personne que moi ? L'inquiétude, on le devine sans peine, naît de l'imagination car, le plus souvent, rien d'objectif ne vient lui donner corps. D'ailleurs c'est notre imagination qui nous fait entrevoir les biens de l'autre comme infiniment désirables même si, le plus souvent, ils ne sont désirables que parce qu'il les possède et que nous ne les possédons pas. C'est encore elle qui nous fait entrevoir le sentiment amoureux redouté de l'autre comme pouvant nous nuire.

Alors que l'inquiétude est adhérente car elle est tournée de façon obsessionnelle vers une seule et même source, l'imagination est errante et peut se diriger vers des objets et des sujets différents qu'elle fait varier à l'infini. Autant il est rare que le jaloux ne soit jaloux que d'une personne tant la jalousie se confond avec l'imagination, autant l'envieux porte son envie sur les biens d'une personne en particulier. La jalousie porte sur quelqu'un en rapport à d'autres personnes et, pour cette raison, se démultiplie à l'infini tandis que l'envie porte sur quelqu'un mais relativement à une chose ou à une qualité dont il est porteur et qui nous manque. Un crescendo peut alors naître, allant de l'envie vers la jalousie. Le fait d'envier quelqu'un peut conduire à la jalousie. Il est rare en revanche que la jalousie mène à l'envie, sauf à dire qu'elle est secrètement fabriquée par un mécanisme d'envie qui la traverse entièrement.

Mais de quelle inquiétude parlons-nous au juste dans la fabrication de l'envie ? Et en quel sens particulier l'imagination intervient-elle ? Une opposition célèbre s'est forgée en philosophie à la fin du XVIIe siècle entre John Locke et Leibniz à propos de l'inquiétude. Partant l'un et l'autre du fait que le désir est inquiétude, ils l'interprètent différemment. Locke, dans son *Essai sur l'entendement humain* de 1689, dit de l'inquiétude qu'elle est « ténèbres » : elle est ce qui structure à ce point le désir que celui-ci est par nature insatisfaction, souffrance devant un bien que l'on ne possède pas et que l'on souhaite posséder. Leibniz lui répond explicitement dans ses *Nouveaux essais sur l'entendement humain* en 1704 que l'inquiétude est « lumière » tant elle pousse quelqu'un à se mouvoir vers un bien qu'il veut réaliser. L'un considère l'inquiétude comme le tiraillement de l'éternelle insatisfaction tandis que l'autre l'appréhende comme la force motrice par laquelle se produit une action.

Ce qu'il y a de très intéressant dans l'analyse de Locke, c'est en particulier le fait qu'il montre combien un bien absent se met à être convoité dès lors qu'il est lié à l'inquiétude de ne pas le posséder[1]. En aucun cas, c'est la considération objective d'un bien qui détermine la volonté à agir en vue de l'acquérir. Il existe à l'origine une inquiétude du désir qui nous fait ressentir l'absence de ce bien comme un manque intolérable. Le souci avec l'inquiétude du désir est qu'elle peut se fixer sur un bien positif ou négatif dans la mesure où le désir est branché sur un manque qui ne cesse d'inquiéter. Le désir de boire lié au manque d'eau et à la recherche d'un bien propre, l'eau, peut alors se transmuter en désir d'ivrognerie si ce qui manque est moins l'eau que la boisson alcoolisée prise en compagnie de comparses. Face à ce désir inquiet, la raison n'aide guère puisque tous les éléments qu'elle formule demeurent objectifs et ne trouvent pas d'issue sur le plan des désirs d'un sujet.

En quel sens l'inquiétude intervient-elle dès lors dans le mécanisme de l'envie ? L'envie porte non directement sur quelqu'un mais sur une chose possédée par quelqu'un ou sur un trait de caractère attribué à quelqu'un : nous n'envions pas quelqu'un dans l'absolu mais toujours dans la relativité d'une propriété d'être, son courage par exemple, qui le caractérise, ou pour une possession qui lui est attribuée. Envier quelqu'un pour son courage ou pour sa belle demeure, c'est se laisser inquiéter par ce qui est attribué à l'autre et dont on manque et dont il nous semble que l'on manque parce que l'autre le possède. Le manque se reconnaît à l'envie qu'il engendre. Mais ce manque, pour exister et se manifester, doit aussitôt se laisser retraduire en inquiétude face à ce dont on manque : c'est dire qu'il existe sinon un rapt du désir par l'inquiétude, qui impliquerait, contrairement à la théorie de Locke, que le désir et l'inquiétude sont deux choses distinctes, du moins une inquiétude qui, dans le désir, l'oriente vers ce qui nous manque.

La question se laisse alors reposer : comment comprendre ce qui nous manque si c'est bien depuis ce manque, et l'inquiétude qu'il engendre, que notre envie s'enclenche comme une certaine modalité de la relation à autrui ? C'est précisément cette modalité que je nomme altruisme négatif dans la mesure où, dans l'envie, nous ne cessons de nous rapporter à autrui, de penser à lui, mais sur le mode d'une impossible conversion de cette altérité à soi, d'une incapacité à annuler cet autre en moi, sauf à posséder précisément ce que l'autre possède.

Le manque

Ce qui nous manque est toujours relatif à un état de notre désir. Le manque n'existe pas en soi. Il est ou bien ce qui naît d'un besoin naturel non assouvi, ou bien ce qui est engendré par la création d'un besoin artificiel. Tocqueville l'a remarquablement compris quand il souligne dans le *Mémoire sur le paupérisme*, rédigé en 1835, que le besoin de tabac, rapporté comme denrée rare des colonies, s'est imposé comme un besoin encore plus important à assouvir que le besoin de nourriture. Les besoins n'existent pas à l'état naturel dans une société, ils sont recréés partiellement par la société elle-même et se substituent à d'autres besoins, signalant au passage une histoire sociale des besoins. Puisque tel est le cas, le besoin n'est articulé à un manque que dans un cadre social déterminant. Nous le comprenons parfaitement car il suffit que nous soyons privés de notre téléphone portable quelques heures pour en éprouver un véritable manque alors même que, du point de vue d'une physiologie des besoins, nous ne manquons de rien quand nous manquons de notre téléphone portable. Mais précisément, l'expression « nous ne manquons de rien » bute sur une sociologie des manques toujours socialement construits. Une voiture perd toute valeur sur une île de taille minuscule alors qu'elle apparaît en lien avec un besoin de mobilité essentiel dans des espaces plus vastes. Cet exemple est très intéressant car il suggère à tort que la voiture répond au besoin de mobilité, lequel a rapport encore à une physiologie du corps naturel. Mais il n'en est rien en réalité. Car le besoin de voiture pourrait très bien exister sur une île minuscule dès lors que l'automobile est associée à un prestige supplémentaire conféré à celui qui possède une telle marque de pouvoir par rapport au reste d'une population. En quel cas le manque se distribue toujours sur l'axe des pouvoirs d'un côté et des distinctions (qui relèvent d'une autre forme de pouvoir) de l'autre. Non seulement il est socialement situé mais il est une construction sociale particulière qui s'incorpore aux désirs des sujets sous la forme d'une inquiétude à ne pas parvenir à le combler.

Le raisonnement de Locke doit alors être repris mais dans une perspective de philosophie sociale. Nous désirons ce dont le manque nous inquiète, mais ce manque renvoie à une construction sociale particulière par laquelle ce qui est manqué est justement doté d'une valeur ajoutée. Il est certain, à titre d'exemple, que le fait de ne pas prendre de vacances est aujourd'hui perçu comme une impossibilité sociale tant la valeur attachée aux vacances est devenue primordiale. Dans ce contexte, les vacances s'imposent comme ce qu'il ne faut surtout pas manquer socialement et que l'on est conduit dès lors à désirer en étant inquiet à l'idée de ne pas pouvoir en prendre. L'idée que l'absence de vacances s'impose comme un manque objectif est elle-même dépendante de la construction sociale du travail comme épuisement et participe d'un jeu de normes qui s'imposent aux sujets jusque dans les divertissements.

Nous ne sommes donc envieux que pour autant que nous manquons d'un bien que nous estimons important pour nous. Mais le manque ne renvoie pas à une disposition humaine que la satisfaction viendrait combler : il s'impose depuis la reconnaissance d'un état social du désirable dont il forme l'envers négatif. Ainsi nous ne manquons que de ce qui est socialement désirable. Là réside la source de l'envie comme désir de désirer le désirable projeté par imagination sur une personne que l'on estime, à tort ou à raison, dépositaire de ce bien désirable. L'inquiétude est alors double : elle est inquiétude devant l'insatisfaction engendrée par le manque du désirable qui est toujours un désirable particulier (vacances, voiture, sortie, etc.) et socialement construit ; mais elle est également inquiétude devant l'attribution de ce désirable à une autre personne à qui est dès lors rapportée, de façon magique, la possession de ce bien convoité qui nous fait défaut aussi en partie parce que nous estimons que cette personne le possède.

Interprétation sociale : le désir mimétique

Il ne faut pas s'y tromper. L'envie, qui est la passion de la convoitise des biens d'autrui mais aussi de ses propriétés intérieures, ne peut se développer que dans la mesure où la passion de la possession est à son comble. Si nos sociétés semblent redécouvrir aujourd'hui, à la faveur notamment de la crise environnementale, le droit d'usage plutôt que le droit de propriété, en s'aventurant vers les possibilités d'habiter la terre en usager plutôt qu'en propriétaire, il faut bien reconnaître que cette attitude est encore très marginale et que le capitalisme n'aura cessé d'accorder une valeur absolue à l'idée de propriété au point même de la réinventer comme dogme partiellement affranchi du travail. Spinoza avait raison d'affirmer que nous ne désirons pas une chose parce que nous la jugeons bonne mais que nous la jugeons bonne parce que nous la désirons[2]. Mais il faut prendre acte du fait que ce désir n'a rien d'archaïque. Le « conatus », ou désir de persévérer dans son être, qui constitue pour Spinoza le noyau originaire du désir de vivre de chaque être[3], est lui-même attaché aux « conatus » des autres êtres selon un ensemble de relations interhumaines qui s'inscrivent dans le tout d'une société. En ce sens, nos différents désirs, tout comme le désir d'exister lui-même, sont normés socialement et s'attachent dès lors à des biens qu'ils estiment relever de leur nature profonde alors qu'ils sont d'abord des manifestations des différentes grandeurs sociales qui circulent dans une société.

Spinoza a raison de dire que ce qui est bon pour nous est ce que nous désirons. Dans cette perspective, il s'avère possible d'interpréter le mécanisme de l'envie comme ce qui, dans le désir, hallucine la chose bonne pour nous grâce à l'imagination. Quand nous envions quelqu'un pour ce qu'il possède, nous ne pouvons y parvenir que parce que notre envie est suffisamment forte pour se projeter sur une chose, la rendre désirable et ainsi bonne. La possibilité de se projeter en pensée sur ce qui ne nous appartient pas crée non la chose qui n'est pas en notre possession mais l'imagination de cette chose, et c'est cette imagination qui, en se la représentant comme présente, alors qu'elle est absente, achève de la rendre désirable.

Toute cette logique individuelle d'un désir inquiet de ne pas posséder ce qui lui manque et d'une envie qui relance, grâce à l'imagination, le désir vers la chose à posséder, ne peut exister que dans la mesure où les grandeurs sociales sont incorporées aux sujets, fabriquent partiellement leur psyché et se laissent retraduire en des biens estimés incarner ces grandeurs. Les vacances ne sont un bien social que pour autant qu'elles traduisent la grandeur sociale qui consiste à disposer d'un temps important pour se mettre soi-même en état de mouvement sous la forme du voyage. S'il n'y a pas de fumée sans feu, alors il n'y a pas d'envie sans l'antériorité de toutes les hiérarchies sociales qui produisent l'envie.

L'envie est le raisonnement qui s'impose en priorité à toutes les personnes qui sont placées en position d'infériorité sociale. Si tel est le cas, le désir de posséder ce que les autres ont est désir d'abolir sa condition sociale pour entrer dans une autre classe sociale que la sienne par les biens possédés. Le désir se fait alors mimétique au sens où, en imitant les possédants, on peut soi-même désirer abolir la condition de non-possédant qui est la sienne et l'appartenance à une classe sociale perçue comme inférieure.

Mais alors, interpréter correctement l'envie, c'est justement revenir sur les raisons sociales de l'imitation, c'est s'employer à comprendre que nos désirs ne parlent pas d'abord pour nous mais se construisent dans le jeu de tous les modèles qui circulent dans une société. Nous ne désirons pas par nous-mêmes mais par les autres du fait du prestige considérable d'un modèle qui s'est imposé socialement au point d'occuper une place centrale. René Girard a parfaitement analysé la structure mimétique du désir en considérant que le désir imite toujours le désir de l'autre. C'est précisément ce jeu d'imitations permanentes qui explique la haine, car en s'imitant les hommes entrent en rivalité et se mettent à se haïr du fait que, se sachant égaux dans leurs désirs, ils redoutent que leur propre désir soit supprimé par le désir de l'autre[4].

Il reste pourtant un point inexpliqué : pourquoi le désir mimétique se dirige-t-il sans cesse vers les biens et les propriétés attachés à la grandeur sociale ? Pourquoi, précisément, le désir des uns prend-il la forme d'une imitation du désir des autres et en quel sens cette imitation équivaut-elle à une envie ? Comment ne pas analyser l'envie dès lors comme la marque irréductible d'une hiérarchie sociale dans la structure mimétique des désirs au point de les rendre inégaux ? Il semble bien que René Girard se soit rendu insensible à une telle lecture.

L'erreur des philosophes

Par contraste, donner crédit à une interprétation sociale de l'envie, c'est, de ce fait, souligner qu'il existe une hiérarchie sociale dans cela même qui se présente comme enviable. Si nous envions quelqu'un pour ce qu'il possède, l'envie ne se distribue pas de façon égale sur les biens enviés mais s'organise bien selon la valeur sociale de ce qui est envié et aussi selon qui est reconnu comme possédant et qui ne l'est pas. Jamais autant que dans l'envie nous ne nous apparaissons plus que comme des sujets sociaux intégralement construits par les formes de la désirabilité sociale.

En plein âge d'or de la philosophie classique, au

XVIIe siècle, les philosophes commettent une erreur fondamentale : interprétant les passions comme la forme involontaire de la pensée qu'il nous faut conjurer pour redevenir maîtres de nous-mêmes, ils s'emploient à nous prévenir d'elles et de leur nuage d'opacité sans jamais les interpréter comme des créations sociales.

Les passions qui sont, selon Descartes, « toutes les pensées qui ne sont point des actions de l'âme ou des volontés[5] » sont partiellement inconnues de ceux qui les vivent. « Ceux qui sont le plus agités par les passions ne sont pas ceux qui les connaissent le mieux[6]. » Descartes, pour faire entendre la singularité de ces pensées involontaires, multiplie les désignations : pensées, émotions, sentiments renvoient à une même agitation qui est causée par l'union de l'âme et du corps. Dans cette agitation, il existe une face lumineuse et une face sombre. Côté lumière : l'amour, l'étonnement, l'admiration, la gloire, la joie, l'estime. Côté ténèbres : la honte, la haine, la crainte, la jalousie, l'envie. Mais aucune de ces passions n'est entièrement lumière et aucune n'est que ténèbres. Descartes recherche le juste usage de chacune d'entre elles.

L'envie s'inscrit dès lors dans une analyse philosophique de la plus juste manière de se rapporter aux passions. Selon ses traits constitutifs, l'envie est un véritable trou noir de l'âme, un marécage funeste. Descartes est prompt à écrire que l'envie est un « vice qui fait que certains gens se fâchent du bien qu'ils voient arriver aux autres hommes[7] ». Ce vice peut cependant présenter une certaine utilité quand il s'inscrit dans une évaluation raisonnée des possessions d'autrui. D'un côté, il est toujours possible de penser que les biens d'autrui sont possédés justement par les autres quand ils concernent des dispositions du corps ou de l'esprit rattachées à des qualités de naissance ainsi que Descartes le fait remarquer. Dans ce cas l'envie disparaît et elle est remplacée par la générosité, c'est-à-dire par l'amour de ces qualités attribuées à une autre personne. D'un autre côté, il est également possible de penser que les biens contingents que Descartes nomme biens de fortune sont possédés injustement par autrui : l'envie est alors juste, confie Descartes, dans la mesure où elle est une « espèce de tristesse mêlée de haine, qui vient de ce qu'on voit arriver du bien à ceux qu'on pense en être indignes[8] ».

Dans ce raisonnement méticuleux, jamais n'affleure l'idée que l'envie est en réalité cette empreinte sociale, produite dans la psyché de celles et de ceux qui ne possèdent pas, produite par les biens de celles et de ceux qui possèdent et la grandeur sociale qui leur est attachée. En suggérant que les biens que l'on envie peuvent être injustement possédés par leur propriétaire, Descartes maintient ouverte la possibilité d'une critique sociale portant sur la provenance illégitime de ces biens. Jamais il n'attribue cependant l'envie à une cause sociale engendrée par l'inégalité entre les vies qui possèdent et celles qui ne possèdent pas.

Il n'y a pas là de quoi s'étonner. La philosophie sociale n'existe tout simplement pas au XVIIe siècle et il est par conséquent impossible de formuler une analyse proche de celle esquissée. L'envie pour Descartes, qui peut parfois être juste, est toujours une création de soi, jamais une création sociale.

La même critique peut être adressée à Spinoza. Pour lui, l'envie, au même titre que le mépris, la colère ou la vengeance, du fait qu'elle se rapporte à la haine[9], est toujours mauvaise. Dès lors l'envie en tant que haine implique un désir constitutif de l'envieux de détruire les biens attribués à autrui ou de se les approprier. L'envie est alors le contraire de la conduite de raison car « qui vit sous la conduite de la Raison désire aussi pour autrui le bien qu'il désire pour lui-même[10] ».

Contrairement au sage, qui se rend indépendant de ce que l'autre a et même désire que l'autre possède ce qu'il a, l'ignorant envie l'autre et veut l'imiter en tous ces points qui lui apparaissent fondamentaux pour son propre bonheur. Le mécanisme central de l'envie est cette imitation des autres mais plus largement l'imitation est aussi la norme sociale par excellence des conduites humaines. Tout comme l'enfant rit ou pleure du simple fait qu'il voit les autres rire ou pleurer, l'homme envieux veut imiter celui dont il imagine qu'il est heureux en raison même de ce qu'il possède. « Tout ce qu'ils voient faire aux autres, ils désirent aussitôt l'imiter et enfin ils désirent tout ce qu'ils croient procurer du plaisir aux autres[11] », reconnaît Spinoza.

Dans cette fabrique imitative de l'envie, l'imagination joue un rôle central. Spinoza est formel : « Si nous imaginons que quelqu'un aime, ou désire, ou hait quelque chose que nous aimons, désirons, ou haïssons, par là même nous aimons cette chose avec plus de constance. » Autant dire, en élargissant le raisonnement de Spinoza, que c'est l'imagination qui fait croître la valeur de la possession du bien de l'autre au point de l'envier et de chercher à l'imiter, tout comme elle fait croître à nos propres yeux l'amour d'un bien que nous possédons, dès lors que nous imaginons l'autre le désirer et nous envier.

Nous sommes bien ici plongés dans un raisonnement social où les êtres s'épiant les uns les autres ne cessent de s'envier en imaginant que les autres ont précisément ce qui nous fait défaut, mais ce raisonnement social sur l'imitation n'est jamais thématisé comme explicitation des vies inégales. Pourquoi les « petits » imitent davantage les « grands » et non l'inverse ? En quel sens la grandeur sociale de ce qui est désirable est-elle attachée à la possession de biens qui prouvent la distinction et l'importance de ceux qui les possèdent ? Pour nous modernes, nous voyons bien qu'il y a inégalité entre les vies et que cette inégalité se manifeste dans la psyché des moins « pourvus » par la fabrique de l'envie qui résulte de l'imagination du bonheur en lien avec les biens manquants. Certes, les puissants et les riches sont également envieux mais l'envie traduit alors ce qu'ils imaginent, à tort ou à raison, ne pas posséder, ce qui leur manque donc, et dont ils attribuent la possession à quelqu'un d'autre.

La convoitise de l'argent comme source des convoitises

Encore faut-il une monnaie d'échange entre les formes de ce qui se présente comme désirable dans une société : les vacances que nous convoitons chez l'autre car nous ne pouvons jamais en prendre, l'avion dans lequel nous ne sommes jamais montés mais que nos voisins utilisent régulièrement, l'hôtel où séjournent nos amis, etc. Cette monnaie d'échange est précisément fournie par l'argent qui, de ce fait, tend à devenir le bien envié par excellence puisqu'il apparaît comme le bien primordial à partir duquel tous les autres sont accessibles.

Nous sommes là au cœur de notre thèse tant il semblerait inconcevable de reprocher à quelqu'un qui n'a pas d'argent d'envier quelqu'un qui en possède beaucoup ou même suffisamment pour vivre. L'envie, dans le cas présent, découle du manque objectif de ressources financières et de toutes les privations qu'engendre ce manque. Elle se moule pour ainsi dire sur l'empêchement de vivre correctement que constitue l'épreuve d'une vie sans argent mais aussi sur le sentiment (qui peut ainsi conduire au ressentiment) des privilèges accordés à certains et qui sont refusés à d'autres.

Loin d'accuser une personne pauvre d'être envieuse des riches ou de plus riches que soi, il faut au contraire plutôt comprendre combien la pauvreté est tragique, ainsi que le sentiment de déclassement, car ils tendent également à imposer dans la psyché de la personne en situation de pauvreté ou qui s'éprouve déclassée une structure d'envie permanente qui peut se projeter d'autant plus sur toutes les formes de ce qui est désirable socialement qu'elle ne dispose pas de la moindre attache à l'argent qui lui permettrait de se diriger vers un bien socialement enviable et valorisé. Quand tous les biens à disposition des autres vous sont interdits, il est normal d'être envieux.

Cette envie prend plusieurs formes, mais il faut bien comprendre qu'elle est essentiellement une convoitise de la sécurité fournie par l'argent liée à un désir légitime de vivre sans souci. Le romancier Paul Auster, déjà cité, le note parfaitement quand il dresse le portrait de son père dans *L'Invention de la solitude* : « Il a rêvé toute sa vie de devenir millionnaire, l'homme le plus riche du monde. Ce qu'il convoitait n'était pas tant la fortune que ce qu'elle représentait : non seulement le succès aux yeux des autres mais aussi une possibilité de se sentir intouchable[12]. » La convoitise de l'argent est désir de protection : « Avoir de l'argent, ce n'est pas seulement pouvoir acheter : cela signifie être hors d'atteinte de la réalité. L'argent en tant que protection, non pour le plaisir[13]. »

Comment être moins envieux ?

Si la forme ultime de l'envie est le désir de protection, tant envier c'est se sentir en position d'insécurité, alors toutes les critiques seulement morales de l'envie s'avèrent obsolètes si elles ne s'accompagnent pas d'une critique sociale des conditions d'engendrement de l'envie. Comme le note Helmut Schoek, l'histoire de l'envie est toujours l'histoire d'un « mal psychique et social[14] » dans lequel il s'avère impossible de distinguer la part psychique de la part sociale, car notre psyché est fabriquée à l'intérieur du monde social. La passion de l'envie doit ainsi être interprétée comme le symptôme des vies inégales. Michael Walzer a raison d'affirmer que « l'envie, le ressentiment et la haine [...] sont les conséquences ordinaires de la domination hiérarchique » et représentent en tant que tels « les démons émotionnels de la politique »[15]. L'envie est une passion sociale qui naît de la comparaison avec autrui engendrée par le fait que les vies sont inégales entre elles. Cette passion sociale altère la possibilité même de l'autonomie individuelle[16] car elle noue la vie de quelqu'un à une autre vie ou à un ensemble d'autres vies dont les conditions sont jugées, à tort ou à raison, nettement plus favorables que la sienne propre.

Il est naïf de croire que l'égalité entre les existences effacera l'envie. Celle-ci renaît toujours parce que l'égalité dans un domaine n'implique pas l'égalité dans les autres domaines de vie. Le mécanisme de l'envie est alors à restituer dans une analyse critique portant sur les conditions faites aux vies qui les rendent inégales entre elles. Construire une culture de l'égalité est sans doute le seul moyen à terme pour ôter sa pertinence à l'envie, même si elle est tellement associée à l'imagination des vies inégales qu'elle ne disparaîtra jamais.

Il s'avère dès lors inutile, et il est même erroné de critiquer l'envie sur le plan seulement moral alors qu'elle est déclenchée par la profonde inégalité sociale entre les vies. Rétorquer à quelqu'un qui est envieux du bien d'un autre que le respect de ses biens équivaut au respect de sa personne ou qu'il faut se contenter de ce que l'on possède peut même sembler profondément immoral. L'enquête sociale est au contraire profondément légitime pour deux raisons.

La première tient à la dimension de la reconnaissance : l'envie est l'un des traits les plus manifestes d'un déni de reconnaissance attaché à l'estime sociale de soi en lien avec les propriétés et les possessions au sens large du terme d'un sujet. L'envieux est celui qui ne se sent pas suffisamment reconnu pour ce qu'il possède ; l'envieux est moins un sujet qui regarde bouche bée les biens de l'autre qu'un être honteux de ce qu'il a et qui préfère le plus souvent se dérober à la vue des autres. Dans la mesure où l'être social est largement en rapport à l'ensemble des avoirs, alors être revient à être perçu dans ses avoirs. En quel cas, celui qui ne possède pas ou qui possède moins que les autres se sent moins perçu et finit par ne plus se sentir être. L'invisibilité sociale est l'ultime conséquence d'un mépris social attaché à celui qui n'est précisément pas reconnu dans ses biens et qui ne se sent pas appréhendé.

La seconde raison tient à l'importance de l'économie des biens matériels et immatériels dans la reconnaissance des sujets. Le type de société qui est la nôtre confère une telle importance à la possession des biens dans la constitution morale et sociale d'une personne qu'il est très difficile sinon impossible d'exister en dehors de cette référence à la possession. La vie sobre est considérée comme une vie suspecte en attente de biens, faute de mieux, même si la critique environnementale contemporaine a redonné une actualité morale et sociale importante à l'idée de sobriété et, ce faisant, au vécu de pauvreté[17].

Comment être reconnu comme un sujet sobre ? Quelle estime sociale peut naître de la grandeur sociale des vies attachées à la sobriété ? L'envie n'est, en règle générale, pas une pathologie individuelle, c'est une pathologie sociale que la critique sociale doit prendre au sérieux pour repenser les conditions faites à nos vies dans le type de société inégale qui est la nôtre.

Il vous reste alors individuellement à combattre l'envie que vous avez des autres sujets qui gravitent autour de vous en vous faisant vous-même critique social, en vous engageant concrètement dans une analyse des différences de revenus acceptables dans une société, en vous employant plus largement à connaître le monde social pour le transformer plutôt que d'en rester à l'envie ou au ressentiment. Cette tâche ne peut être menée par nous seul. Elle implique une mise en commun de nos énergies dominées, l'instauration d'une puissance d'agir populaire afin de mener un travail collectif et politique de dévoilement de toutes les formes du mal social qui rongent nos sociétés. Le remède à l'envie, n'en déplaise à Descartes, n'est pas la générosité individuelle mais la critique sociale collective. C'est par elle que nous pouvons soutenir une redistribution nécessaire des biens indispensables et entamer une critique des biens superflus nuisibles à la santé de la planète.

Chapitre V

La jalousie

Les deux sources de la jalousie

L'envie conduit à la jalousie. La philosophie ne s'y est pas trompée. Ainsi Emmanuel Kant dans *La Doctrine de la vertu* : « L'envie comme penchant à percevoir avec douleur le bien qui arrive aux autres, quoique le sien n'en soit nullement affecté, s'il aboutit à l'acte, est de l'envie qualifiée, et autrement seulement de la jalousie[1]. » De deux choses l'une : soit l'envie est passage à l'acte et se transforme alors en suppression du bien de l'autre, soit elle demeure comme latence psychique, vécu imaginaire du rapport à l'autre et ainsi se transforme inévitablement en jalousie. On jalousera quelqu'un pour ses biens après l'avoir envié car nous n'avons aucun moyen, direct ou indirect, soit de récupérer un bien analogue et ainsi de se mettre à sa hauteur, soit de lui confisquer son propre bien pour qu'il soit à notre hauteur.

Qu'entendre par jalousie et pourquoi la jalousie est-elle plus vaste que l'envie au point d'apparaître comme une passion originale ? La jalousie naît comme l'envie du désir de possession mais cette possession touche davantage un être qu'un bien. L'envie s'absorbe dans les choses. Quand on envie quelqu'un, c'est toujours par rapport à une propriété que cette personne possède : un bien, une qualité sociale, etc. La jalousie creuse jusqu'aux racines d'un être : il ne suffit pas d'avoir, il faut posséder une personne.

La jalousie est un sentiment originaire d'exclusivité dans la possession, tant sa racine est toujours une volonté farouche de s'approprier quelqu'un et le nier comme personne libre. À terme, elle rend l'existence du jaloux entièrement dépendante de la personne jalousée. Comme passion dangereuse, elle fait ainsi entrer l'existence même de celle ou de celui qui est jaloux dans l'orbite de la dépossession de soi puisque soi n'existe que par l'autre que l'on n'est pas et que l'on voudrait pourtant s'approprier.

Le paradoxe est ainsi total. La personne jalouse souhaite devenir maîtresse de la personne qui est la source de la jalousie et, à terme, se l'approprier, mais ce désir d'appropriation est précisément ce qui la conduit à s'en rendre dépendante. L'homme ou la femme jaloux ne peut récupérer son être qu'il laisse s'évaporer dans les brumes de la jalousie alors même que personne d'autre que lui ou elle ne désire autant être maître de son monde. Jamais une vie ne cherche à être plus une vie à soi alors que jamais une vie n'est à ce point hors de soi.

Le mécanisme des passions dangereuses faussement « altruistes » s'explicite par ce biais. Il y a altruisme négatif dans la mesure où la pensée exclusive d'une autre personne convoitée aboutit à la suspension de soi dans un mécanisme où, pourtant, le sujet jaloux a la quasi-certitude que l'annexion de l'autre est la condition du développement de son être.

Jalouser

À première vue, jalouser quelqu'un se confond avec le fait de l'envier. Cependant les deux passions restent profondément distinctes. L'envie maintient une distinction entre l'envieux et l'envié alors que la jalousie tend à abolir la frontière entre le jaloux et le jalousé. L'envie se glisse entre deux personnes plus qu'elle ne les confond. Le mécanisme de l'envie repose précisément sur la reconnaissance de cette frontière dans la mesure où, pour pouvoir envier, il faut être certain de rester séparé de l'objet de l'envie. Cette dernière se relance elle-même chaque fois qu'elle se porte sur l'objet ou la qualité désirés. En ce sens elle est bien une forme extrême du désir tant elle reste articulée à un manque que la personne envieuse souhaite combler tout en reconnaissant qu'elle n'y parvient pas. La mécanique du désir se construit sur une hallucination de l'envie qui ne cesse de renaître chaque fois qu'elle est séparée de ce qui est désiré chez l'autre. L'envie, dès lors, maintient la frontière entre soi et l'autre. En étant sectorielle, en étant dirigée sur un élément distinctif de la personne enviée, elle fait valoir le sujet envieux dans ses droits et dans son tracé singulier qu'elle n'est pas capable de remettre en cause. Ainsi conforté dans sa propre existence, le sujet envieux peut, assuré qu'il est de rester lui-même, le cas échéant, s'adonner à l'admiration. Quand quelqu'un envie une personne pour sa capacité à évoluer dans sa carrière, c'est qu'il est partiellement admiratif d'un talent qu'il ne possède pas et qu'il souhaiterait pourtant posséder tout en reconnaissant qu'il existe sans doute des raisons profondes qui font qu'il ne possède pas un tel talent.

Il n'y a rien de tel avec la jalousie. Jalouser quelqu'un, c'est désirer arracher à la personne jalousée son être même pour se l'approprier. L'envie peut être admirative alors que la jalousie est toujours destructrice. Le sentiment de jalousie ne laisse aucune place à la reconnaissance d'une altérité à laquelle consentir sous les traits de l'autre. Tandis que l'envie peut, dans certains cas, s'apparenter à un altruisme positif, la jalousie reste toujours prisonnière d'un altruisme négatif qu'elle ne parvient jamais à résorber car le jaloux, par définition, ne parvient jamais au bout de sa jalousie, sauf à avoir absorbé totalement l'autre en lui-même et en cessant ainsi d'être soi-même. L'envie maintient les frontières entre les êtres que la jalousie met en cause.

Être jaloux

La jalousie a une histoire : de pouvoir elle devient impouvoir. Elle est d'abord associée à cette minuscule fenêtre d'où, au Moyen Âge, l'on pouvait voir sans être vu, attestant, bien davantage que de l'impuissance à ne pas être à l'endroit vu, de la puissance à voir et à ne pas être vu, pour en tirer un bénéfice sur les protagonistes ainsi observés à leurs dépens. Mais voilà que Descartes la tire du côté de la crainte. Cette crainte reste pour ainsi dire à soi.

L'homme jaloux est l'homme qui possède un bien qu'il craint ne plus posséder en raison de la malveillance d'un autre être qui viendrait le lui prendre. Dans *Les Passions de l'âme*, Descartes envisage la jalousie comme « une espèce de crainte, qui se rapporte au désir qu'on a de se conserver la possession de quelque bien[2] ». La jalousie est alors articulée à la peur de se voir spolié du bien que l'on a déjà par d'autres qui le convoitent. Elle est donc d'emblée une passion de la possession, mais ce qui l'enclenche c'est précisément la peur de la dépossession en lien non à une évaluation rationnelle de sa valeur mais en raison de « la grande estime qu'on en fait ». La jalousie est alors l'imagination de toutes les raisons de la perte de son bien. Elle est la conséquence de l'instinct de propriété et c'est pourquoi cette passion, selon Descartes, « peut être honnête[3] », dès lors que cette propriété l'est, et malhonnête lorsqu'elle ne l'est pas. Autant il faut respecter le capitaine qui doit rester maître d'un lieu à protéger et qui, dès lors, doit jalouser toutes les possibilités inventées par les autres pour se l'approprier, ainsi que la femme qui ne peut être blâmée car elle est jalouse de son honneur dans la mesure où cette possession ne peut lui être ôtée ; autant il convient de se moquer d'un « avaricieux, lorsqu'il est jaloux de son trésor, c'est-à-dire lorsqu'il le couve des yeux et ne veut jamais s'en éloigner, de peur qu'il lui soit dérobé, car l'argent ne vaut pas la peine d'être gardé avec tant de soin[4] ». S'il convient d'apprécier à sa juste valeur contemporaine cette prise de distance à l'égard de l'argent, l'essentiel pour nous est que la jalousie est le fait de celui qui possède.

Un renversement s'opère dans la modernité selon lequel la jalousie est davantage le fait de celui qui ne possède pas que le fait de celui qui possède. Le philosophe Spinoza opère cette rectification décisive car la jalousie se met à devenir un sentiment référé désormais à un autre que l'on envie. Elle « n'est rien d'autre que le flottement dans l'âme né à la fois de l'amour et de la haine, accompagné de l'idée d'un autre que l'on envie[5] ». Les termes choisis par Spinoza sont extrêmement suggestifs. La jalousie est le fait d'un état de flottement mental engendré par l'impossibilité de suivre son cours. Elle est une mise en mouvement confuse de l'esprit, une fixation commotionnante engendrée par l'obsession de cela même qui est jalousé. La jalousie est précisément ce qui nous empêche de lâcher prise et nous fait revenir en permanence à une idée fixe qui en est à l'origine. Cet égarement mental que diagnostique Spinoza vient selon lui du mélange d'amour et de haine à l'origine de la jalousie. La jalousie est alors la confusion des sentiments qui s'adresse en direction d'un autre que l'on envie. Dans cette confusion la haine l'emporte sur l'amour. Au point que la jalousie, écrit Spinoza, est « haine envers la chose aimée, jointe à l'envie ».

Ainsi s'opère la leçon des modernes envers la jalousie. Par un singulier renversement, la jalousie n'est plus projection de soi vers l'autre mais introjection de l'autre, convoitise infinie et sans cesse renouvelée, au point de se laisser absorber et gouverner tout entier par elle.

Servitude volontaire !

Il est tentant d'enfermer le jaloux dans la jalousie et de rire à distance de ses errements et hallucinations tant il semble y loger de son propre chef. Dans l'immense majorité des interprétations, la jalousie est décodée comme un cas exemplaire de servitude volontaire. Dans *À la recherche du temps perdu*, Swann, après être tombé amoureux d'Odette, suite à une association imaginaire entre son visage et un portrait de Botticelli, erre dans le labyrinthe de la jalousie qu'il a lui-même créé. Dans son monde, tous les signes conspirent et créent la cosmologie du parfait jaloux. La jalousie est alors dénotée comme une hallucination imaginaire que ne cesse de nourrir Swann dans sa propre quête d'Odette.

La servitude volontaire a été diagnostiquée par La Boétie comme un trait de soumission à un tyran extérieur. La domination présuppose un consentement à la soumission engendré par une passion de la soumission[6]. La Boétie conteste la division accidentelle, selon lui, entre ceux qui commandent et ceux qui obéissent, en s'employant à comprendre comment ceux qui pourraient se gouverner seuls s'associent pour être commandés par un seul. Le raisonnement de La Boétie est politique mais sa signification existentielle puise dans l'organisation la plus secrète de la vie psychique pour la rendre concevable[7]. Qu'est-ce que le serf arbitre ? Renoncer librement à sa liberté est une expérience limite mais fondamentale qui a été largement analysée par la philosophie. Kant l'interprète en pleine époque des Lumières comme le cas emblématique d'un état de minorité où il est préférable de se laisser gouverner par des tuteurs que l'on a soi-même choisis.

En quel sens la jalousie relève-t-elle d'un libre consentement à la soumission et d'une servitude volontaire ? Le mécanisme psychologique qui la sous-tend repose sur une dépendance totale à l'être jalousé dont la conséquence est un état de soumission extrême, mais cette soumission n'est en aucun cas engendrée par l'être jalousé : elle l'est par la disposition à être jaloux. Être jaloux, c'est créer de toutes pièces, dans son esprit, le tuteur (l'imagination de la personne jalousée) qui nous gouvernera.

Ainsi comprise, la jalousie culmine, par la servitude volontaire, dans un état de soumission librement consenti. Elle est la marque extrême de l'obéissance dans l'intimité et c'est pourquoi elle se déploie de façon impérieuse dans la passion amoureuse. Spinoza, au reste, l'a parfaitement compris quand il évoque l'exemple paradigmatique de l'homme qui « imagine la femme qu'il aime se prostituant à un autre » et qui, de ce fait, est attristé « non seulement parce que son propre désir est contrarié, mais encore parce qu'il est contraint d'unir l'image de l'être aimé aux parties honteuses et aux excrétions de l'autre »[8]. Selon Spinoza qui établit comment la jalousie transforme l'amour en haine et métamorphose de ce fait la joie en tristesse, l'homme jaloux s'enchaîne de lui-même à l'image de la femme aimée dont il ne peut plus voir le visage sans le rapporter à un autre être qui posséderait cette femme. Il y a là un mécanisme d'auto-asservissement rendu possible par l'exercice même de l'imagination.

Interprétation sociale

Interpréter la jalousie comme servitude volontaire, c'est faire porter la responsabilité de la jalousie sur le jaloux, c'est encore l'analyser selon les traits de la volonté, c'est faire du jaloux l'auteur de sa jalousie. Cette analyse est-elle suffisante ? Une indication très précieuse de Descartes nous met sur la voie. Ce dernier, pour souligner en quoi la passion de la jalousie est blâmable, prend lui aussi l'exemple de l'homme jaloux de sa femme. Descartes montre qu'une telle attitude est méprisable en ce sens que « c'est un témoignage qu'il ne l'aime pas de la bonne sorte et qu'il a mauvaise opinion de soi ou d'elle ». Descartes insiste pour montrer que l'amour jaloux est un faux amour « car s'il avait un vrai amour, il n'aurait aucune inclination à s'en défier». Il souligne également que « ce n'est pas proprement elle qu'il aime» mais « le bien qu'il imagine consister à en avoir seul la possession»[9]. L'amoureux jaloux entend posséder son amour comme un bien meuble.

Ainsi, aux racines de la jalousie gît l'instinct de propriété. La jalousie prospère avec le désir de propriété étendu aux êtres. Qu'est-ce à dire si ce n'est que la relation aux êtres s'est moulée sur la relation aux choses, a fini par en devenir comme l'empreinte culturelle ? Ainsi, pour être jaloux ne suffit-il pas de créer son propre labyrinthe de servitude volontaire interne, encore faut-il donner suffisamment crédit à l'idée de propriété au point de l'avoir incorporée comme norme de toutes les manières d'être.

Il faut donc l'illimitation de l'idée de propriété pour rendre la jalousie sinon concevable du moins praticable. Sans l'extension du domaine de la propriété, la jalousie perdrait toute signification existentielle. Cet élément de la propriété est central dans l'Ancien Testament. Caïn est jaloux d'Abel et des cadeaux que Dieu lui prodigue : voyant que son frère possède et que lui n'a rien, il se met à désirer ce que possède son frère au point de le haïr et de le tuer.

L'épisode biblique est révélateur car la jalousie de Caïn pour Abel vient des offrandes que reçoit Abel et de leur importance aux yeux de Caïn. Dans une société comme la nôtre fondée sur l'idée même de bien et de propriété et plus encore sur leur illimitation, la jalousie ne peut apparaître que comme un effet structurel du capitalisme ou du néocapitalisme[10]. On ne naît pas jaloux mais on le devient dans une économie qui fétichise la propriété. Dès lors la jalousie est l'effet de la passion de la possession tournée vers les biens de l'autre mais surtout vers son existence que l'on désire s'approprier.

Si la jalousie est la passion de la possession, alors il faut dire qu'être jaloux, c'est désirer posséder l'autre même si en réalité c'est finir par être possédé par l'idée obsessionnelle de la possession de l'autre au point de ne plus être soi. Jean-Paul Sartre a très bien analysé ce paradoxe quand il a souligné en quoi l'amour est conflit[11]. Dans la mesure où nous existons en tant qu'êtres libres, l'amour de l'autre est amour de sa liberté. Il en résulte dès lors qu'il n'existe aucune sécurité dans un tel amour : « Précisément parce que j'existe par la liberté d'autrui, je n'ai aucune sécurité, je suis en danger dans cette liberté[12]. » Face à ce danger, nous pouvons être enclins à vouloir nous approprier la liberté de l'autre pour préserver notre propre liberté dans un espace de sécurité. Sartre prend l'exemple des relations entre Marcel et Albertine. Le narrateur, après avoir installé Albertine chez lui, devrait être libéré de toute inquiétude : or, il n'en est rien car Albertine, dépendante de lui matériellement, continue de lui échapper en conscience et c'est cette échappée qui lui est insupportable, comme l'échappée d'Odette est insupportable à Swann : « C'est par sa conscience qu'Albertine échappe à Marcel, alors même qu'il est à côté d'elle, et c'est pourquoi il ne connaît de répit que s'il la contemple pendant son sommeil[13]. »

Sartre, pour expliciter cet amour jaloux, se réfère lui-même au paradoxe de l'appropriation. S'il s'agit de désirer s'approprier l'autre, cette appropriation ne peut consister à disposer de l'autre comme d'une « propriété » mais bien à s'en emparer comme d'une liberté. L'amour-propriété, en réduisant l'autre à n'être qu'un « automate », tue l'amour, note très justement Sartre. Ainsi l'amour désire dans le même temps s'approprier la liberté de l'autre et ne le désire pas. La jalousie est ainsi passage à la limite de l'amour dans la mesure où le désir de s'approprier la liberté de l'autre prend le pas sur le désir de laisser à l'autre sa propre liberté. C'est bien en ce sens que la jalousie est un devenir pathologique de l'amour mais ne lui est pas consubstantielle.

Qu'est-ce que pratiquer la générosité ?

Dans ce raisonnement pratique sur la jalousie, ce qui l'emporte, c'est bien le crédit porté à l'idée de propriété. À force de se trouver dans une société de la propriété, nous en venons inconsciemment à calquer nos relations avec les autres êtres sur un tel mètre étalon. L'avoir reconfigure l'être au point que l'en-soi devient la norme du pour-soi. Par contraste, reconnaître la liberté de l'autre, c'est le considérer non comme une propriété ou une chose pouvant être appropriée mais comme une liberté. Cela implique que la distinction entre les êtres humains et les choses soit clairement établie et qu'elle ne soit brouillée sous aucun prétexte.

Or, tel n'est évidemment pas le cas dans nos sociétés contemporaines, tant les formats contemporains de la réification dans la réorganisation néolibérale de nos sociétés capitalistes sont nombreux. Ils se présentent sous les traits distinctifs d'une visibilisation assujettissante, d'une colonisation marchande du monde vécu ou de la transformation de toutes les relations humaines par la rationalité des échanges marchands. Il est possible, en s'inspirant de toute une tradition critique[14], de parler de réification chaque fois que la présence à soi est chosifiée au point d'être vidée de toute ambiguïté humaine. Or, cette réification de soi est notamment à l'œuvre, comme le suggère Axel Honneth, dans les « pratiques institutionnalisées de présentation de soi » que sont les entretiens d'embauche ou les différentes annonces de soi sur les sites de rencontre sur Internet.

Ce ne sont là que quelques exemples mais il semble certain que la réification, loin de menacer la référence à la propriété, au contraire l'accrédite. Car le brouillage des réalités humaines et des choses en jeu dans la réification est bien la condition de possibilité d'une assimilation de l'autre à une quasi-chose. Seule l'illimitation de l'idée de propriété rend ainsi concevable son transfert sur les êtres humains.

Aussi, pour parvenir à contrer la mécanique émotionnelle de la jalousie, encore faut-il apprendre à voir l'autre comme un humain non appropriable, c'est-à-dire comme une liberté, et cela n'est possible qu'à la condition de régionaliser la norme de l'idée de propriété induite d'un rapport obsessionnel à la possession. Nous imaginons mal Donald Trump parvenir à une telle conversion d'être tant il ne semble pouvoir envisager la vie, y compris la vie humaine, qu'en termes de biens à acquérir et de propriétés dont il faut devenir maître. Là gît sans aucun doute, pour reprendre l'expression de Sartre, « l'enfance d'un chef », si tant est que l'on s'accorde à penser que le chef est celui qui considère que son droit à la possession est légitime et illimité.

La jalousie est une passion exclusive car elle met bien souvent (si ce n'est toujours) celui qui y succombe en position de vouloir être le chef de l'autre, de le gouverner, de le posséder. Elle est donc bien un cas limite du délire fasciste comme désir absolu de soumission de l'autre. Mais elle est alors doublement une passion dangereuse. Parce qu'elle menace la liberté de l'autre, et parce qu'elle rend la personne jalouse dépendante de sa jalousie au point que cette dernière ne parvient plus à exister par soi-même. Ce qui s'efface ainsi dans la jalousie, c'est la présence de l'autre à soi mais c'est également une certaine façon de continuer à être présent à soi avec comme conséquences la perte de tout contrôle sur soi et l'impossibilité de garder son esprit en paix.

Dans cette perspective funeste, le seul avenir viable de la jalousie est la possession exclusive de l'autre comme nous le voyons à l'œuvre dans les intégrismes religieux où les hommes disposent intégralement des femmes. Mais alors, le retour du refoulé est terrible, et Jean-Paul Sartre a raison : transformer l'autre en chose, c'est littéralement désinvestir son désir de l'autre car tout désir ne peut être que désir de la liberté de l'autre.

Il faut donc que vous renversiez la table et que vous raisonniez tout autrement en maintenant ouverte, par vos conduites et par vos représentations, la liberté de l'autre personne dans tous les contextes et toutes les situations. L'anti-jalousie ne se décrète pas mais vous pouvez la pratiquer si vous apprenez à voir l'autre comme un être et non comme une chose. Cela implique en toute rigueur une critique des représentations et des présentations de soi et des autres véhiculées par les schémas hégémoniques de la rationalité économique néolibérale contemporaine.

Comment faites-vous droit à la liberté de l'autre ? Lui laissez-vous toute sa place ? Considérer l'autre comme l'égal de soi est un premier pas mais il s'avère encore insuffisant. Car la jalousie est très souvent engendrée par une passion de l'égalité qui gît au cœur de nos sociétés démocratiques. Dans la mesure où nous nous sentons égaux les uns les autres, ainsi que Tocqueville l'a affirmé très justement dans son analyse de la démocratie, nous désirons non seulement ce que les autres ont mais aussi, et de façon plus insidieuse, ce que sont les autres. Ce sont bien ces deux logiques de désir qui induisent la convoitise d'une part et la jalousie de l'autre.

Décrypter la jalousie, c'est alors chercher à mieux saisir en quoi cette passion de l'égalité doit être dans le même temps une passion de la liberté. C'est seulement sous ces deux conditions que la possibilité d'une vie non jalouse peut se réaliser. Car « la proposition de l'égaliberté » est, dans le même temps où elle est une proposition politique qui met en tension l'égalité et la liberté[15], une proposition éthique qui ouvre, dans le travail de la reconnaissance concrète des libertés à l'intérieur de la reconnaissance de l'égalité, une alternative précieuse et vivante à la jalousie. C'est à l'intersection de ces deux reconnaissances que prend sens un accueil a priori généreux du surgissement surprenant de l'autre, un art non feint de n'être pas à la place escomptée. Le meuble acheté est toujours là où il doit être et quand il change de place c'est qu'on le change de place. Tel n'est pas le cas, fort heureusement, de l'être humain. La reconnaissance de cette vérité doit être source de joie plutôt que de tristesse. L'anti-jalousie ne peut être que la joie du non-propriétaire. C'est en ce sens et en ce sens seulement qu'il y a générosité dans les relations humaines. La générosité est bien une anti-jalousie, mais elle procède de l'accueil a priori favorable de la surprise engendrée par une vie humaine. L'anti-jalousie, c'est alors la joie de l'usufruitier qui ne possède pas la propriété de son bien mais en jouit par le libre consentement et désir de chacun. Désirer mener une vie généreuse, c'est alors renoncer à la passion de la possession pour s'aventurer sur les chemins des surprises ; c'est se laisser émouvoir par elles et trouver joie dans l'incertitude des présences cultivées.

Chapitre VI

La peur

Seuls

La peur est enfouie en chacun de nous. Elle n'est pas primitivement une passion mais un affect qui naît lorsque nous sommes saisis d'effroi, et que, soudainement confrontés à un événement redouté et sur lequel, estimant que nous n'avons aucune prise, nous sentons que le sol se dérobe, que les repères disparaissent et que nous nous retrouvons seuls face à l'effroi.

La peur nous empêche de faire le moindre pas de côté, d'aller chercher de l'aide : elle nous laisse sans la moindre possibilité de la commuter à quelqu'un d'autre qui s'en chargerait pour nous. Du moins dans un premier temps. C'est ainsi que, saisis par elle, nous sommes dans l'impossibilité de nous en dessaisir. Vivre la peur, c'est adhérer malgré soi à l'objet redouté, c'est entrer contre son gré dans la gueule du loup.

Ce qui est à l'œuvre dans la peur, c'est la possibilité brusquement réelle de l'effondrement ou, pire, de l'anéantissement. Et si la vie se figeait ou s'éteignait à cause d'une mauvaise rencontre ? Tous les éléments d'une culture de soi, en lien avec l'art de vivre dans la durée et en société, sont soudain frappés d'inanité. La peur nous replace dans la perspective de la seule survie, que nous croyions avoir laissée depuis longtemps derrière nous au profit de la recherche de la plus belle vie possible. Elle est donc un retour vers le passé le plus enfoui, à l'exact nouage de la vie et de la mort. Mais ce retour vers le passé surgit au présent. Il ne peut être surmonté, et c'est d'abord en cela que consiste la peur : l'incapacité de se dérober à ce qui nous effraie.

L'expérience de l'effroi est l'une des épreuves dans laquelle personne d'autre que nous ne peut avoir peur à notre place. Certes, la peur d'un proche peut nous alerter et même nous faire frissonner, mais c'est alors dans la représentation qu'elle se laisse évaluer. Or, la peur n'est pas représentation mais mise en présence d'un danger dont on ne peut s'absenter. C'est dire qu'elle est immanente à la source de l'effroi. Certes, nous pouvons également avoir peur pour quelqu'un, mais alors il y va de notre peur à nous et non de celle de l'autre. Si le voyage de l'un de nos enfants vers l'autre bout du monde nous fait peur, rien ne permet d'affirmer que notre enfant a peur de ce voyage. Et d'ailleurs, s'agit-il vraiment de peur ? Ne s'agit-il pas davantage d'une représentation de la peur en lien avec une imagination négative ?

Où situer la frontière de la peur ? Dans l'irreprésentable qui naît de l'immanence à un danger qui ne peut être esquivé. Aussi sa représentation est-elle toujours une retombée, une dégradation du contenu émotionnel de la peur. C'est pourquoi elle est partiellement incommunicable.

Il existe des degrés dans la peur. Toutes les peurs ne se valent pas mais dans leurs modalités les plus extrêmes elles manifestent l'effroi de l'anéantissement ou de l'effondrement. Côté effondrement, il en va de notre posture même d'être humain et de notre art le plus banal de composer avec les autres dans un ensemble de situations. La peur interrompt la quotidienneté d'une existence, la suspend, elle disloque les sociabilités habituelles, met en crise les normes et les valeurs sur lesquelles une personne s'appuie pour exister. Elle brise ainsi la normalité d'une silhouette humaine car le danger auquel elle est associée adhère tellement à soi qu'il devient à ce point impossible de s'en mettre à distance que toute contenance sociale disparaît de façon irréversible. La peur panique de l'effondrement qui en résulte vient de ce que l'énergétique d'une existence est touchée en son cœur même. La tragédie de l'effroi provient de l'incapacité à se relever d'un danger qui peut terrasser une personne. La décomposition qui en résulte, en règle générale, dure le temps de la peur et s'éteint quand l'objet de la peur a été identifié puis neutralisé.

Quand la peur se fait durable ou quand elle est d'une intensité telle qu'elle ne passe ni ne s'estompe, le processus de décomposition peut se métamorphoser en peur de l'anéantissement. La peur équivaut alors à une petite mort locale, généralement passagère. Elle peut aussi se transformer, dans des cas plus limites, en sensation de mort durable, en anéantissement total de sa personne. Dans la peur-anéantissement, les frontières du vital et du social sont bouleversées, et prévaut l'inquiétude de disparaître. Soit parce que l'on est dans l'attente d'un diagnostic ou d'un test médical qui nous terrifie, soit parce que l'on redoute un licenciement à venir ou toute intervention analogue brisant le cours de la vie et la rendant invivable.

Tandis que la peur-effondrement se vit au présent, en tant que décompensation immédiate, la peur-anéantissement se vit au futur en tant qu'attente intolérable de la mauvaise nouvelle.

La peur-source

La peur a toujours été considérée comme l'affect primordial. Ainsi le psychologue américain Paul Ekman résume-t-il bien le consensus lorsqu'il l'interprète comme l'émotion la plus primitive de laquelle procèdent toutes les autres émotions primordiales que sont la joie, la tristesse, la colère, la surprise et le dégoût. La peur surgit face à de l'inconnu, elle nous confronte à la surprise, nous alerte sur une éventuelle menace. Elle est donc indispensable à notre vie.

Deux attitudes sont, de fait, possibles face à la peur : la stupeur et le discernement, qui tendent à s'enchaîner dans la durée. Dans un premier temps, la peur stupéfie, elle pétrifie la personne au point de l'immobiliser. Elle est alors un affect inhibiteur, sorte de gaz paralysant qui suspend toute possibilité d'action. Dans un second temps cependant, elle induit un discernement. Car, dans la durée, la paralysie tend à être dépassée par l'évaluation cognitive du danger encouru à l'origine même d'une véritable pragmatique. Il y a alors une incontestable utilité de la peur car elle nous alerte sur la nature d'un danger encouru et nous engage sur le chemin d'une action. Ainsi, la personne ayant peur des chiens fera marche arrière ou évitera l'animal en faisant un détour dès lors qu'elle en croisera un. Dans le même registre, la peur de l'araignée nous éloigne d'elle dès lors que l'une d'entre elles vient s'inscrire dans notre champ de vision.

Certes, les frontières de la peur sont ténues et sous cette désignation peut s'abriter un raisonnement émotionnel sans rapport avec l'objet réel qui en est à l'origine. Il n'est pas toujours aisé de distinguer entre une peur et une phobie, entre la peur et l'anxiété. De la première on peut dire néanmoins qu'elle porte sur un objet réel alors que la phobie relève d'une pathologie sans fondement objectif, tandis que l'anxiété relève de l'angoisse. Nommer une émotion « peur », c'est donc la faire entrer dans une causalité raisonnable où l'on a des raisons d'avoir peur et où la peur apparaît elle-même comme savoir émotionnel d'un danger.

La peur nous place donc dans un état de tempête émotionnelle tout en frayant, à la différence de la panique ou sauf dans le cas limite de la peur panique (où la panique prend en réalité le dessus sur la peur), un chemin vers une conduite à tenir. Même si elle est partiellement imaginaire et sans lien direct, pour un témoin extérieur, avec une source réelle, elle identifie un danger et propose une issue. Il est toujours possible de se moquer de l'enfant qui a peur du noir et de lui prouver, en allumant soudainement la lumière, que rien n'a changé. Cependant, si l'enfant persiste, c'est qu'il se confronte à l'expérience de la peur et en tire pour lui des enseignements précieux. L'enfant qui a peur du noir a rationnellement tort d'éprouver une telle peur mais il a raison de penser que peuvent surgir des ténèbres des créatures dangereuses puisqu'il ne voit rien. La possibilité de la peur le place dès lors dans un état précieux de vigilance où il s'agira d'essayer d'identifier le danger qui peut venir d'on ne sait où.

La peur n'est donc pas qu'une réplique sismique émotionnelle à un danger extérieur qui serait premier sur le plan causal. Il semble qu'elle doive se situer légèrement en amont d'un danger réel pour pouvoir être en aval du danger et y faire face. Elle est légèrement en amont car elle doit être une sorte d'état de veille à l'égard de tout ce qui peut arriver à quelqu'un et peut naître ou renaître de mille signes possibles. C'est en se tenant ainsi en avance de l'objet réel de la peur, par une forme d'hallucination qui lui est propre, qu'elle peut identifier l'objet de la peur en aval et déclencher la possibilité de la réaction à un danger préalablement identifié et ainsi ouvrir la gamme des réponses possibles à ce danger. Rien n'est alors plus utile que le mécanisme de la peur. Si, voyant le loup, une personne fonce, inconsciente du danger, dans sa gueule car elle n'éprouve pas la moindre peur, elle risque d'avoir bien des problèmes… Inversement, le fait d'avoir peur du loup implique, en retour, des conduites à tenir pour ne pas foncer dans sa gueule et s'employer au contraire à le fuir.

Il est donc faux de se représenter la peur comme un irrationalisme existentiel sans aucun rapport avec une réalité qui la fonde. Le plus souvent nous savons pourquoi nous avons peur, de qui ou de quoi nous avons peur, et la compréhension de la peur est d'ailleurs un trait essentiel de celle-ci. Loin de nous l'ôter, elle en est au contraire une condition de possibilité. C'est parce que la peur est une intelligence émotionnelle de la situation qu'elle est bien une rationalité pratique que déploie l'individu quand il perçoit un danger.

On comprend dès lors pourquoi la peur est à la source des autres émotions. Elle est l'émotion qui ne peut en rester à elle-même, qui doit s'écouler dans un mouvement émotionnel qui la situe au-delà d'elle-même. Dans la colère lorsque nous nous retournons violemment contre l'origine de la peur au point de vouloir la détruire. Dans la joie quand nous y parvenons. Dans la tristesse quand nous échouons. Dans le dégoût quand nous sommes bloqués en elle. Le problème est alors sans aucun doute de rester congelé par la peur au point de s'y enfermer sans espoir de la dépasser.

La peur-passion

La peur est une source et un carrefour. Elle est source des émotions et carrefour depuis lequel explorer différentes routes. Comment une émotion peut-elle devenir une passion et pourquoi cette passion est-elle nécessairement dangereuse ? De toutes les passions déjà analysées, elle est la seule à naître d'abord comme affect et à se retrouver dans toutes comme l'un de leurs moteurs. La lâcheté ne fait-elle pas une avec la peur de ne pas être courageux ? La peur de perdre un être cher n'est-elle pas à l'origine de la jalousie ? N'est-on pas paresseux par peur de ne pas y arriver ? Ne ment-on pas par peur de ne pas pouvoir dire la vérité ? Elle n'est donc pas primitivement une passion mais bien un noyau émotionnel central dans toutes les passions négatives. Et c'est même à sa présence ou à son absence que l'on peut tracer la distinction entre les passions négatives et les passions positives. Encore que la peur se retrouve aussi dans les passions positives, mais précisément elle y est dépassée. L'être courageux a peur mais cette peur n'annule pas son courage. Les passions ne seraient-elles pas alors tantôt des épanchements de la peur, tantôt des barrages contre elle ? Que serait une générosité apeurée ?

Le problème surgit lorsque la peur-émotion devient la peur-passion, c'est-à-dire lorsqu'elle se transforme en passion de la peur. Une telle passion se développe quand la personne qui a peur en vient à considérer que ce sentiment est somme toute normal et que vivre dans un tel état est même désirable. La passion de la peur est engendrée chaque fois qu'une personne en vient à la réclamer comme preuve de la vie. Une rupture est consommée entre la peur-émotion et la peur-passion. La première nous plonge en état d'alerte maximale face à un danger qui peut détruire notre vie alors que la seconde devient une raison d'exister.

Comment la peur peut-elle être une passion ? Lorsqu'elle devient une crainte. Quand la peur se fait crainte, alors la vie redevient possible même si elle semble inévitablement rétrécie. Ce n'est pas un hasard si Nietzsche nomme le cinquième livre de son *Gai Savoir* : « Nous autres hommes sans crainte. » Il en appelle à vivre par-delà la crainte, par-delà les dangers et à ne jamais reculer : « Nous ne cessons de monter des bêtes enragées et fougueuses, et si nous hésitons, ce n'est sans doute pas à cause du danger[1]. » La crainte, par-delà la peur, est une façon de vivre, une passion originale qui préfère la sécurité à l'insécurité, réclame la certitude et déteste la nouveauté.

Alors que Descartes ne propose pas une telle distinction entre la peur et la crainte, tant l'une semble héberger l'autre, il en va peut-être différemment de Spinoza. Pour Descartes, la peur n'est pas une passion originale, elle est « un trouble et un étonnement de l'âme qui lui ôte le pouvoir de résister aux maux qu'elle pense être proches[2] », elle s'oppose à la hardiesse en tant qu'elle est un « excès de lâcheté, d'étonnement et de crainte ». Rien de bon ne sort alors de la peur qui doit absolument être écartée en préparant l'âme à tous les événements qui peuvent l'affecter. La peur rétrogradée à l'état de crainte est toujours vicieuse. Pour Spinoza, la « peur est le désir d'éviter par un mal moindre un mal plus grand que nous craignons[3] », et tend à se confondre avec la crainte lorsqu'il souligne que celle-ci « dispose l'homme à éviter par un mal moindre celui qu'il juge devoir se produire[4] ».

L'analyse de Spinoza nous permet d'aboutir à une première distinction fort utile. La peur-crainte de Descartes est résolument « vicieuse » selon son expression et ne présente aucune utilité. Elle doit céder la place à la hardiesse et être combattue à tous les niveaux. La peur-crainte de Spinoza est très utile car elle fait chuter la peur en la convertissant en un mal de moindre intensité. Elle est ainsi une accommodation raisonnable de la peur.

La crainte est vivable alors que la peur ne l'est pas. Mais de ce fait, c'est toute une vie qui bascule en elle car, contrairement à la peur, elle ne s'efface pas avec la disparition de l'objet de la peur. Elle est un ethos, une manière d'être. Tout peut faire crainte car elle se diffuse dans la durée de l'existence et se renouvelle en permanence en prenant en considération des objets toujours distincts. Une personne craintive est une personne qui n'ose pas faire un pas de trop, qui vit dans l'inquiétude du scandale. La peur est spéciale, la crainte est générale. La peur est tournée vers un objet, la crainte est un état d'esprit. La peur est momentanée tandis que la crainte dure. C'est que la peur est émotion tandis que la crainte est passion. Au sens où celui qui l'éprouve est transformé par elle, qu'elle le meut et qu'il ne peut imaginer vivre sans elle. Certes, la crainte n'est pas une passion consentie ou désirée mais ne l'est pas davantage ni le mensonge ni la jalousie. Les passions dangereuses ont d'ailleurs ceci de particulier qu'elles débordent la volonté et sont d'autant plus difficiles à combattre qu'elles apparaissent comme involontaires.

La peur de la peur

C'est lorsque la peur cesse d'adhérer à un objet pour se faire crainte qu'elle devient une passion alimentée par n'importe quel objet ou contexte. Il y a crainte quand, à la limite, tout fait peur et que le craintif essaie de s'enfermer au maximum dans l'univers qui le rassure le plus. Mais alors que devient la peur dans cette perspective ? Il serait aberrant de penser qu'elle disparaît derrière la crainte, mais il est vrai qu'elle change de statut. De peur de quelque chose en particulier, en se confondant avec la crainte elle se fait peur en général. Cette peur en général n'adhère plus à un objet en particulier, elle devient dès lors la peur de la peur. C'est cette nouvelle qualité de la peur qu'actualise en permanence la crainte. La personne craintive redoute d'avoir peur. Lorsque la peur est ainsi l'objet de la crainte, c'est qu'elle est peur au carré.

Ce mécanisme peut sembler déconcertant tant la peur est toujours attachée à un objet particulier mais il faut remarquer qu'il est en soi très fréquent. Il advient chaque fois que la peur devient flottante, sans contours précis, chaque fois qu'elle est en rapport avec la disposition générale de la crainte.

Qu'est-ce à dire ? Que la peur n'est, à la différence de l'angoisse, jamais sans objet, qu'elle n'est jamais diffuse ou confuse. La plasticité de la peur procède de cette multiplicité de cibles : tantôt c'est la peur de l'araignée (arachnophobie), tantôt c'est celle de l'avion (aérophobie) ; tantôt c'est la peur de la foule (agoraphobie) ; tantôt c'est une peur qui s'impose par la surprise qui survient. Il n'y a pas d'instinct de la peur analytiquement lié à un objet précis mais il y a bien une poussée de la peur, une pulsion ou mise en mouvement qui s'attache de façon extérieure et synthétique à un objet réel en droit renouvelable[5]. Loin que ce soit l'objet qui la produise, la peur découpe son objet dans le réel.

Si tel est le cas, la peur est susceptible de plusieurs trajets. Elle peut tout d'abord cesser quand disparaît l'objet qui la provoque. Elle peut également se diffuser en direction d'objets voisins associés au premier, et ainsi, de proche en proche, prélever un domaine de réalité. Il n'est pas rare, par exemple, que l'arachnophobie se généralise en entomophobie (peur générale des insectes). Elle peut enfin se laisser métamorphoser, par l'esprit craintif, en peur sans objet. C'est seulement dans ce dernier cas que la peur, de spécifique, se fait générique et devient peur de la peur.

La peur de la peur s'érige alors en façon d'exister, de se représenter le monde, et toutes les occasions sont bonnes pour l'entretenir. Elle est un signifiant flottant qui peut se signifier et se resignifier de bien des manières. Prise dans la peur de la peur, en raison d'un esprit de crainte généralisée, la personne ne peut plus vivre qu'en resserrant ses normes de la façon la plus drastique possible afin de ne pas être déportée par la moindre nouveauté ou intrusion de la réalité. À terme, pour l'homme et pour la femme craintifs, le monde est une anomalie dont il faut se prémunir en réduisant au maximum les points de contact avec lui, à l'instar de la mère imaginée par Boris Vian dans *L'Arrache-cœur*, qui enferme ses enfants dans des cages pour les protéger de tous les dangers possibles.

La crainte est une passion non déclarée en laquelle le mode de vie se fait solipsisme afin d'échapper à tout contact avec le monde. L'être timoré, l'être en retrait, l'être enfermé sont alors les effets de la « petite santé » craintive que rien ne doit venir perturber et à laquelle Nietzsche oppose le « risque de l'insécurité[6] » porté par l'audace de la « grande santé[7] ».

Il est dès lors aisé de voir en quel sens la peur est une passion dangereuse. Devenant peur de la peur portée par un esprit craintif, la vie se retourne contre elle-même pour en écarter toute nouveauté déconcertante, toute inquiétude altérante, toute insécurité récalcitrante. Il y a passion dangereuse car cela même qui est engendré par la vie comme système de défense pour parer à l'imprévu, la peur, impose à la vie un resserrement qui est un appauvrissement terrible. La vie craintive est le contraire d'une vie explosive, c'est la vie amoindrie devenue norme de toutes les manières d'exister, c'est l'esprit de défense érigé en valeur absolue. On sait que

Nietzsche a fustigé une telle vie en dénigrant l'« idéal ascétique » qui la ronge et la détruit.

Culture de la peur

Il faut faire attention cependant à ce que l'effet ne soit pas pris pour la cause et expliciter les conditions sociales de déploiement de cette passion. La passion de la peur n'apparaît jamais par hasard ; elle est entretenue, cultivée pour devenir une disposition mais alors elle change de nature, et d'individuelle, elle tend à devenir collective. Il n'est pas certain que nous aimions avoir peur. Même si l'on se plaît à penser que les enfants semblent être dans un tel état d'esprit lorsqu'on leur lit des histoires terribles, la réalité oblige à reconnaître qu'ils ne s'adonnent à l'effroi que pour autant qu'ils se sentent en absolue sécurité chez eux.

La mise en culture de la peur, au sens d'une mise en batterie, est un fait social engendré par tout un ensemble de canaux d'émission, de diffusion, qui relaient les terribles nouvelles, les violences meurtrières, l'insécurité des banlieues, le danger des modes de vie étrangers, etc., pour susciter la peur. La peur ainsi médiatisée par l'image est toujours une peur abstraite, même lorsqu'elle semble se diriger vers un élément particulier. Il faut également remarquer que le voyeurisme télévisuel qui en résulte est comparable à l'attitude de l'enfant s'adonnant à la peur car il se sent en sécurité chez lui. Par-delà le motif quotidien de l'inquiétude qui finit néanmoins par en résulter, fortement en rapport avec la perception du monde extérieur, se fait jour une peur diffuse. Les chaînes d'information en continu, soustendues par une logique de concentration du capital, elles-mêmes situées au sein d'une société de l'exposition de soi, ont pour finalité de nous acclimater à la peur et plus encore d'en faire une passion morbide qui nous sépare de vies jugées dangereuses et donc indésirables. La peur n'est plus ce qui assaille quelqu'un et le terrifie dans une situation particulière. Elle tend à être la passion générique partagée par un ensemble de sujets qui s'identifient les uns aux autres en fonction de ce qui ne doit jamais faire intrusion dans leur groupe. La peur est alors bien davantage qu'une émotion ou une passion individuelle, elle est la passion collective du groupe sur la défensive, par l'hallucination qui l'anime et la dirige vers un objet propre.

Si nous vivons dans une culture de la peur, c'est que nous tendons à être fabriqués socialement comme des sujets apeurés par des flux informationnels qui balaient dans tous les sens le spectre de l'insécurité en nous ramenant chaque fois à un danger couru du fait de la présence des étrangers dans notre pays, des personnes à la rue, des jeunes incivils, des terroristes potentiels, etc. Chacun de ces dangers, pris un à un, peut s'avérer réel dans un contexte toujours singulier, mais le propre de l'établissement d'une culture de la peur est à la fois de décontextualiser ces dangers et de substantialiser les sources de la peur en les personnifiant.

Il y a culture de la peur chaque fois qu'une peur se délocalise en perdant la singularité de son objet, de sa situation et de ses attaches pour être transmutée en passion de la peur. La passion de la peur doit être entendue dans tous les sens du terme. Elle est ce qui fait souffrir (au sens de pathos). Elle est aussi ce que l'on subit comme patient de ce sujet impérialiste. Elle est enfin ce qui anime et fait exister.

S'imaginer en danger

Tout le raisonnement antérieur vise à montrer qu'il n'existe pas une nature de la peur tant nous sommes d'emblée plongés dans des univers culturels et sociaux qui non seulement lui donnent sens mais qui, le plus souvent, la font prospérer. L'erreur initiale est, sans aucun doute, de trop l'individualiser en l'insérant dans un raisonnement émotionnel qui fixe trop rapidement la valeur de la singularité qui l'éprouve. Il est vrai que les peurs ne sont pas interchangeables et que la peur de notre ami n'est pas la nôtre. Mais il est faux de croire que la peur, lorsqu'elle est mise en culture, reste individuelle tant, précisément, l'une de ses fonctions est, sans aucun doute, lorsqu'elle se généralise, de dissoudre les frontières de la psyché individuelle et de dessiner les contours de l'appartenance à une psyché collective plus vaste. La peur n'individualise qu'en surface. Entretenue comme le fantasme négatif par excellence que redoute chaque membre du groupe, elle est alors le signifiant errant autour duquel s'organise la mise à distance de certains êtres jugés indésirables. La peur ne peut se faire incluante qu'en se faisant excluante : elle ne crée le groupe mental et social d'appartenance qu'à la condition de rejeter dans le purgatoire ceux-là mêmes qui sont identifiés comme cause de la peur.

Il y a culture de la peur chaque fois que la peur de la peur hallucine ainsi son objet au point de l'exclure en le rendant autre, dissemblable, et en le débarquant ainsi du groupe d'appartenance. La peur est alors un levier puissant de fabrication de l'altérité des personnes que l'on veut débarquer de son propre groupe. L'hallucination est ici une imagination néfaste qui crée de toutes pièces, dans le dos des personnes, leur double négatif. Sans imagination d'une vie éprouvée comme dangereuse, menaçante, intrusive, la peur de la peur ne peut prendre et inventer son territoire maudit.

Elle s'engendre précisément au moment où l'imagination malade se représente, sans le moindre lien avec la réalité, la présence d'un être et plus largement d'une catégorie d'êtres comme impossible et par conséquent impensable. Ce mécanisme hallucinatoire bat son plein lorsque la peur de la peur se colore du signifiant de l'étranger. Il est inutile de souligner que le sujet national pour appartenir au groupe de la nation ne cesse de débarquer l'étranger en projetant sur lui une peur (doublée de haine) irraisonnée. La culture de la peur renvoie à une fonction précise : fabriquer des communautés de proximité, petites mais aussi à grande échelle, locales ou nationales. Plus les caisses médiatiques de fabrication de la peur sont importantes, comme c'est le cas pour les chaînes d'information en continu qui diffusent les mêmes vidéos d'insécurité, plus la culture de la peur fabrique une communauté élargie qui, à terme, se confond avec la nation tout entière.

La résultante de cette culture de la peur est que nous nous imaginons en permanence en danger. La trajectoire culturelle et sociale de la peur engendre le fantasme stigmatisant une population particulière. Elle se signale alors comme le début d'un processus d'intolérance qui aboutit à la stigmatisation hallucinatoire de sujets identifiés à la source de la peur et à leur mise à l'écart. La peur est alors l'affect qui accompagne la création de la menace projetée sur un groupe et qui crée ainsi ce que Léon Poliakov nomme la « causalité diabolique[8] » réunifiant les esprits apeurés autour d'un même totem à détruire ou dont il faut absolument se prémunir.

La passion de la peur est ainsi une imagination délirante qui se retourne contre le sujet imaginant en lui faisant faussement éprouver que sa vie est en danger du fait d'une présence jugée menaçante. Le problème de cette passion est qu'elle n'est absolument pas solitaire. Elle n'est pas une névrose individuelle. Construite au sein des systèmes d'information et de spectacle dominants d'une société, elle se partage au sein de groupes toujours plus élargis qui voient paradoxalement dans la passion de la peur l'occasion de restaurer leur souveraineté individuelle, collective, nationale qu'ils perçoivent sans cesse menacée, agressée, faisant l'objet d'intrusions insupportables.

Un remède mort-né : les humanités

Face à l'emprise de la peur et à toutes les crispations identitaires qu'elle engendre, Martha Nussbaum oppose une culture de la bienveillance, du « regard interne » capable d'entrer en empathie avec l'Autre et de redessiner une communauté élargie transcendant les exclusions engendrées par les peurs[9]. Cette disposition généreuse à adopter face à autrui ne tombe pas du ciel puisque sa mise en culture est précisément l'objet des humanités littéraires et artistiques. Il se trouve que ce sont les mêmes humanités qui sont mises à mal dans le projet néolibéral contemporain. La littérature, et plus largement l'art, a certes le pouvoir de susciter l'empathie en nous plaçant en imagination au cœur d'une vie autre, en nous permettant de la ressentir de l'intérieur, mais elle tend à perdre toute place centrale dans nos sociétés néolibérales – et pire, puisqu'elle est même rendue inutile.

La crise des humanités ne survient pas par hasard. Leur lieu de transmission universitaire notamment est littéralement attaqué par le projet néolibéral. Martha Nussbaum a tenté de façon pieuse d'inverser la courbe. Elle est convaincue que les humanités sont une réponse à la crise économique dans la mesure où l'éducation « au profit » doit être compensée par une éducation « à la démocratie » qui est précisément le fait des humanités. Elle oppose ainsi à la recherche intéressée du gain économique comme norme de nos sociétés néolibérales la recherche désintéressée des valeurs démocratiques. L'homme économique luttant à l'intérieur du marché doit alors être complété par un citoyen soucieux de vivre dans une société démocratique.

Mais alors la transmission des humanités par les institutions éducatives s'avère fondamentale car elles seules permettent la formation d'un esprit critique nécessaire à l'émergence de l'esprit démocratique. Les humanités ne sont la réponse « à l'éducation tournée vers la démocratie » que pour autant qu'elles sont aussi transmission de contenus culturels et apprentissage du sens critique.

Ce qui étaie ce raisonnement, et lui donne toute sa pertinence anthropologique, c'est la conviction soutenue par Martha Nussbaum selon laquelle les arts et les humanités se soucient des émotions démocratiques de l'égalité et du respect, et nous apprennent à nous détourner des affects de la domination et de l'exclusion. Les questions posées par Martha Nussbaum sont les suivantes : « Comment les gens deviennent-ils capables de respect et d'égalité démocratique ? Pour quelles raisons cherchent-ils la domination[10] ? » Selon Martha Nussbaum, c'est à la condition de pouvoir se mettre à la place de l'autre que nous cessons de désirer l'exclure et d'être agressif envers lui. La littérature nous apprend, ainsi que les arts mais aussi le cinéma, à préserver la capacité de nous mettre « à la place d'une autre personne, à être un lecteur intelligent de l'histoire de cette personne, et à comprendre les émotions, les aspirations et les désirs d'une personne placée dans cette situation[11] ». Martha Nussbaum confère ainsi à l'art un pouvoir majeur dans la capacité d'ouverture critique aux autres vies. Cette culture est d'abord une culture de l'imagination. Lire, c'est imaginer les vies autres comme des vies en rapport avec la sienne, comme des vies dont l'altérité n'est pas source de peur et de fermeture mais d'émerveillement et d'ouverture.

L'analyse de Martha Nussbaum pêche par excès d'optimisme. Elle pense que la tension entre l'éducation au profit et l'éducation à la démocratie n'est pas tant une dualité disjonctive (ou bien l'une ou bien l'autre) que source d'une nouvelle alliance au bénéfice d'une société réellement démocratique, mais rien ne permet de donner crédit à un tel optimisme. Comment ne pas comprendre, au contraire, que l'éducation au profit, comme norme des sociétés néolibérales et du capitalisme tardif, laisse peu de place à l'éducation à la démocratie ? La minoration des humanités n'est-elle pas un effet nécessaire de la majoration de l'homme économique ? Comment les préserver et leur donner leur pleine signification dans un monde néolibéral ?

Martha Nussbaum tisse ensemble deux raisonnements, l'un et l'autre solidaires, de l'importance conférée à la littérature et à sa transmission. Elle oppose à une culture de la peur, dont l'effet direct est la production de la haine et de la violence, le pouvoir de la littérature dont elle montre par ailleurs combien il est fondamental à l'éducation de l'homme démocratique et permet de corriger l'égoïsme de l'homme néolibéral.

La culture de l'impact économique est telle que rien ne permet de comprendre pourquoi une place majeure, dans le dispositif néolibéral, serait laissée a priori aux humanités. L'analyse du rôle des humanités dans nos sociétés suggère aisément le contraire.

Peur sociale, peur politique

Le raisonnement de Martha Nussbaum nous permet de suggérer l'existence d'un lien fort entre l'avènement d'une culture de la peur et l'établissement d'une société néolibérale attachée aux vies inégales. Il faut cependant aller ici dans une tout autre direction que celle qu'elle propose dans son analyse. Car la peur est d'abord l'émotion sociale de toutes les personnes qui ne savent pas de quoi demain sera fait. La peur de l'insécurité sociale, de l'avenir incertain qui touche toutes celles et tous ceux qui font l'expérience de la précarité est l'un des terreaux au fond desquels s'enracine la peur de la peur dont la trajectoire sociale va de la peur à la haine, au ressentiment, à la colère et même à la destruction. De façon prévisible, la peur sociale du déclassement, de l'avenir, de la fin du mois, comme éléments de la vie précaire, risque fort de trouver comme seule issue (cette négation de l'espoir qui est encore espoir) la peur politique de l'étranger.

La jonction entre l'avènement d'une culture de la peur, la précarisation néolibérale des vies humaines ainsi que de l'enseignement des humanités, et plus largement de toutes les institutions de soutien social et la transmutation de la peur sociale en peur politique n'a rien de fortuit et relève d'une même logique.

Le fait que la peur sociale soit instrumentalisée en peur politique de l'étranger, alors que dans le même temps les récits de l'espoir humanitaire disparaissent comme des vestiges d'un monde ancien périmé non acquis à la recherche du profit, révèle une alliance monstrueuse entre un discours rétrograde sur l'autorité et la souveraineté, un hymne éculé à la glorification néolibérale et à la passion de la peur. Car, en la matière, l'apologie de l'homme néolibéral s'accompagne à la fois d'une défense de l'homme national et d'une crise des empathies émotionnelles notamment transmises par les humanités, au point que le cynisme des dominants préférant un tel état de choses peut s'accompagner de la peur des plus précaires face à des lendemains incertains et à des silhouettes étrangères perçues comme menaçantes. La passion de la peur est alors le repli dans un corps social national qui se vit comme menacé par les flux mondiaux des populations.

L'insouciance comme art des passions ordinaires

Vous vous demandez, dès lors, comment lutter contre la peur, comment cesser d'être craintif à l'égard de tout ce qui survient. Il n'est pas question de minorer la peur sociale tant elle trouve ses fondements dans la célébration néolibérale des vies inégales. Il faut, en revanche, s'en prendre vigoureusement à notre culture de la peur qui fait écran et nous prive de la moindre plasticité dans le registre de nos vies communes. Il existe un art de la vie banale qui tient à la possibilité de prendre un café avec des amis, de s'asseoir à une terrasse, de se rendre à un concert. Ce n'est pas un hasard si les terroristes du Bataclan s'en sont pris à cet art. En exterminant les spectateurs d'un concert et en tirant au hasard sur des personnes aux terrasses, ils ont voulu terroriser la population par-delà la terreur du meurtre de masse. Ils ont cherché à instiller la peur et à mettre fin à l'insouciance. La résistance a été très justement comprise comme un retour à la vie ordinaire. Vous faites partie des chanceux qui sortez le soir, vous profitez d'une séance de cinéma, vous allez au restaurant avec des amis : bienvenue dans le monde des passions ordinaires comme seul antidote à la peur. Le propre du terrorisme est moins de faire peur maintenant par le crime horrible perpétré que de susciter une peur diffuse demain et après-demain car il suggère qu'il peut frapper n'importe où et n'importe quand. Antoine Garapon et Michel Rosenfeld ont bien montré que le terrorisme est d'abord virtuel[12]. Il vaut par son ubiquité des terreurs possibles et l'incapacité dans laquelle nous nous trouvons de le localiser et de l'assigner à une place précise pour en triompher. C'est pourquoi la réédition du livre d'Ernest Hemingway, *Paris est une fête*, en réplique aux attaques terroristes du 13 novembre 2015, a eu valeur de manifeste de l'art de vivre le plus ordinaire. Il est devenu à juste titre l'étendard des microrésistances, célébrant envers et contre tout l'insouciance contre la peur, une culture discrète de la vie ordinaire.

Qu'est-ce que l'insouciance, si ce n'est un art des passions ordinaires qui nous lient aux autres de la façon la plus banale possible ? Les microcélébrations de la vie ordinaire, sortir, voir des amis, prendre un verre, dîner, aller à la salle de sport ou courir dans la ville, se rendre aux champignons, à la pêche, faire la fête, sont le seul ajournement possible de la peur.

Car de quoi est-il question dans ces activités ? D'une circulation non réglée des êtres au sein de microactions communes désirées. La passion de l'ordinaire est la passion de la vie à plusieurs, le contraire de l'ethos de la séparation engendré par la peur. Vous ne le savez pas mais vous ne vous adonnez à ces activités que parce que vous n'avez pas peur de la peur, que parce que vous vous sentez aspiré par elles et ainsi plongé dans la vie des autres. Tandis qu'un lien de structure s'établit entre le terrorisme et la basse continue des chaînes d'information qui, selon des modalités propres, visent à faire peur, à mettre fin à l'insouciance, votre passion de la vie est tout entière résistance à la peur. Certes, l'insouciance se vit mais ne se décrète pas. Nul ne se sait insouciant de façon insouciante. Pourtant, un art commun de cultiver la gaieté est à portée de main. C'est vers lui que vous plongez quand vous vivez. Cet art commun n'est pas l'oubli des souffrances sociales et de leurs causes. Il repose bien davantage sur la possibilité de vivre malgré tout et de faire société autrement.

Chapitre VII

La haine

Les passions de l'individualisme négatif

La peur est une passion voyageuse. Elle n'est nullement cette émotion première qui se bloque sur un objet effrayant au point de suspendre toutes les activités d'un être. Si elle immobilise quelqu'un en le frappant de frayeur, jusqu'à le méduser, ce n'est qu'un point de départ depuis lequel se réorganise tout un affairisme vital. Rares sont les peurs peureuses qui ne s'aventurent pas à risquer quelques pas hors de leur stupéfaction initiale. La passion de la peur est alors le premier mouvement vers d'autres passions. Elle est, de ce point de vue, la première pierre d'un individualisme négatif qui ne cessera de se creuser dans la passion de la haine et suscitera, en bout de route, la colère, voire la violence. Certes, toutes les peurs ne conduisent pas à la haine, ne se déversent pas dans l'agression. Certaines sont dépassées dans les passions actives de la générosité, du courage, etc. D'autres restent bloquantes, figent pour une quasi-éternité une personne ou un groupe de sujets dans une paralysie mortifère que rien ne semble pouvoir transpercer. En ce cas, la peur se fait conservatrice car l'essentiel est alors de préserver ses acquis, de se maintenir à flot malgré tout comme dans la peur des lendemains, en dépit des attaques répétées de l'inquiétude montante, ou bien de faire le moins de vagues possible pour tous les sujets sociaux qui redoutent un licenciement et qui s'efforcent de se faire oublier, de se rendre invisibles. Se maintenir dans la peur, c'est s'employer à ne pas se laisser trop ébranler par elle : il est possible d'y parvenir en la maintenant à distance, en faisant comme si elle n'était pas là, mais dès qu'elle fond sur soi, tous les efforts sont ruinés et le sujet est dévasté.

C'est pourquoi il est naturel que l'issue la plus fréquente de la peur soit la haine. Avec elle, un exutoire à la peur peut advenir qui revêt des contours humains. Il n'est pas rare que la peur d'être licencié se transforme en haine de son employeur ou de ses collègues, accusés inconsciemment de garder leur travail. Même la peur des lendemains peut devenir, par une montée en généralité, haine de la société. Aussi, l'état de conservation initiale de la peur se transmue-t-il bien souvent en désir de destruction. Tandis que la peur s'emploie en vain à se mettre à distance de l'objet apeurant, la haine s'en rapproche au point de désirer le détruire.

Dans le raisonnement proposé dans le chapitre précédent, selon lequel la peur devient passion quand elle se fait peur de la peur, la haine n'est plus l'une des issues possibles de cette passion initiale, elle en forme le destinataire privilégié dans la mesure où la peur de la peur, pour exister et se développer, a besoin de se projeter sur un être et de s'en prendre au groupe générique qui l'abrite, l'étranger, l'Arabe, le chômeur, le banlieusard, etc. La peur est alors une passion restauratrice car, en éprouvant le danger incarné par quelqu'un qui est lui-même membre d'un groupe idéal typique, elle fait ressurgir les contours magnifiés de son existence magiquement menacée par la présence de l'autre. La haine de l'étranger permet de reconstruire l'amour de soi comme la forteresse ne devant être souillée sous aucun prétexte par le mode d'existence systématiquement déprécié par la présence intrusive de l'autre. La peur restaure l'identité de soi grâce à la haine. Un amour de soi est-il possible sans la haine de l'autre ? Toujours est-il que l'engendrement de la haine a lieu lorsque la peur se fait projective et cesse d'être défensive, lorsqu'elle hallucine l'ennemi à abattre. Mais c'est alors au prix de l'effacement de la passion de la peur. Haïr, c'est décider de ne plus avoir peur, c'est se situer dans l'au-delà de la peur. Voilà pourquoi la haine, dès lors qu'elle a pour origine la peur, est bien une passion originale. Elle est le futur de la peur tout autant que son foyer d'extinction. Elle représente bien de ce point de vue le deuxième stade de l'individualisme négatif et semble conduire à la violence.

Pourquoi parler d'individualisme négatif? C'est qu'avec la peur et la haine, nous nous situons aux limites du soi, à son point d'embrasement et de dilatation maximale, dans la mesure où l'individu, en cherchant à se protéger de l'autre ou en le niant, s'efforce désespérément de revenir à lui. Le concept d'« individualisme négatif » a été forgé par Robert Castel dans *Les Métamorphoses de la question sociale* pour désigner les individus surnuméraires dont la place n'est plus assurée dans une société et dont l'existence est dès lors flottante. Pour Robert Castel, reprenant l'analyse de Louis Dumont selon laquelle l'individualisme moderne « pose l'individu comme un être moral, indépendant et autonome et ainsi (essentiellement) non social[1] », par contraste avec un individualisme conquérant de marché, se déploie un individualisme négatif qui se décline en termes de manque : « manque de considération, manque de sécurité, manque de biens assurés et de biens stables[2] ». L'individualisme négatif désigne donc non pas la négation de l'individu mais l'absence de toute considération pour des individus perçus comme des « inutiles au monde » selon la terrible expression utilisée au XIVe siècle reprise par Robert Castel pour évoquer les vagabonds d'avant la révolution industrielle et les inemployables d'aujourd'hui[3]. Dans l'esprit du sociologue, la catégorie d'« individualisme négatif » tend à regrouper toutes les existences dont l'utilité sociale n'est pas perçue.

Il est possible de donner une signification morale à cette expression d'individualisme négatif et de suggérer que l'affirmation de soi ne peut s'établir qu'au détriment d'un autre. Par individualisme négatif il faut alors entendre la trajectoire sociale de personnes enrôlées, pour rétablir leurs propriétés intérieures, dans la passion de la négation de l'autre. Cette passion de l'individualisme négatif n'est pas une passion individuelle tant elle forme le centre de gravité de groupes d'appartenance dont les formes bariolées de manifestation se font chaque jour voir davantage et trahissent un esprit de fanatisme.

La haine est la passion de la généralité

Pour haïr, il faut lâcher la peur et faire un pas de plus. Quatre éléments s'avèrent dès lors essentiels à la fabrique de la haine : elle est créatrice ; affirmative ; elle est toujours haine de soi en se faisant haine de l'autre ; elle généralise.

La haine est créatrice car elle découpe dans la réalité l'objet qu'elle veut haïr. Il n'existe aucune causalité dans la haine. Sa plasticité est totale et c'est pourquoi elle est particulièrement dangereuse. Car non contente de créer son objet, une fois qu'elle l'a créé la haine l'envisage comme une chose tangible sur laquelle il est possible de se déchaîner davantage encore. Comme le souligne Vladimir Jankélévitch, « ce n'est pas le haïssable qui explique la haine mais la haine qui a priori rend les choses haïssables et redouble ensuite à la vue de cet odieux qu'elle a fabriqué[4] ».

La haine est affirmative car toute remise en question de soi en est exclue. Comme le signale la journaliste allemande Carolin Emcke, « on ne peut pas haïr en doutant de la haine[5] ». La haine implique un saut dans le vide, un courage de la détestation qui force l'admiration tant il équivaut à la décision héroïque d'entrer dans un combat contre une personne ou un groupe de personnes et de ne jamais céder. Tandis que la peur est une défense, la haine est une défonce qui absorbe à ce point la personne haïssante qu'elle devient une raison de vivre. C'est à ce moment précis qu'elle s'avère être une passion. Chaque fois qu'il y a détestation, il y a affirmation d'une puissance d'exister qui se retourne de façon obsessionnelle contre une autre puissance d'exister. Au point de vouloir la supprimer ou, à défaut, de l'absorber comme la part maudite de l'identité de soi indésirée. Car le paradoxe de la haine, qui relève bien dès lors d'un individualisme négatif, est le suivant : haïr revient à s'affirmer contre un sujet ou un groupe de sujets mais à la condition de le faire entrer dans sa propre psyché comme cette part de soi qui doit absolument être combattue et exclue de soi-même pour être vraiment soi. D'une part, le sujet haïssant s'affirme contre l'objet haï et donc manifeste son plein individualisme. Mais d'autre part, il se rend dépendant par là même de l'objet haï, s'enveloppe à lui pour exister et, dès lors, retombe dans les limites de l'individualisme négatif.

La haine de l'autre équivaut aussi à une haine de soi ou plus exactement du genre de soi que l'on ne veut absolument pas être. Haïr, c'est donc toujours se haïr. L'hostilité qu'elle engendre est une fin de non-recevoir à l'égard de toutes les formes de soi qui nous posent problème et que l'on s'emploie à supprimer violemment. Sans doute faut-il évoquer le terme d'hospitalité comme le contraire de la haine dans la mesure où l'hospitalité des autres se laisse d'abord circonscrire par une hospitalité à l'égard de tous ses hôtes intérieurs. Nous ne pouvons être l'ami des étrangers (position sans doute trop générale et abstraite) que parce que nous sommes les amis de nos propres étrangers qui composent notre existence[6]. L'intolérance dans la haine des autres est d'abord une intolérance à l'égard de soi. Cela ne revient nullement à accepter tout ce que nous ne voulons pas être sous prétexte d'une hospitalité absolue qui interdirait le travail éthique de transformation et d'amélioration de soi. Mais précisément, ce travail de modification ne peut être un travail éthique qu'à la condition que la modification désirée ne repose pas sur la passion de la haine mais sur un discernement subtil du genre de vie que l'on souhaite mener. Spinoza a absolument raison d'affirmer que « la haine ne peut jamais être bonne[7] ». Elle sépare toujours le sujet de sa propre puissance d'exister, soit en le rendant dépendant de l'objet extérieur de la haine au point de le river exclusivement à une existence dont il finit par se rendre dépendant, soit en le rendant dépendant de l'objet intérieur de la haine jusqu'à l'enfermer dans une véritable misologie d'où est exclu tout raisonnement éthique sur la plus belle des manières de vivre. Dans le premier cas, nous nous enchaînons à une existence dont nous sommes l'otage. Dans le second, nous renonçons à tout raisonnement sur la vie désirable pour nous instaurer comme juge de nous-mêmes.

La haine, enfin, généralise car elle désindividualise l'autre en l'enfermant dans des traits stéréotypés, toujours négatifs dont la répétition permet d'installer et de conforter durablement la haine elle-même. Ce n'est alors pas un hasard si la haine d'un autrui singulier s'accomplit en haine d'un groupe générique de sujets. Car il existe un élargissement progressif de la haine qui lui confère d'emblée une montée en généralité qui est constitutive de sa mobilisation.

Soit, par exemple, la haine raciste ou la haine de genre. Celui qui ne voit plus la singularité du migrant, du chômeur, de la personne transgenre est alors en mesure de fabriquer l'abstraction haïssable.

Soit, par exemple, le renversement de l'amour en haine. Voilà que, désormais, à travers la haine d'une personne jadis aimée, c'est toute la singularité subtilement apprise dans l'amour qui disparaît. Le subtil clair-obscur des traits d'un être, sa polyvalence d'existence, sa douceur intrinsèque dans l'accueil des pluralités d'être sont brutalement niées au profit d'un exclusivisme de la haine. Autant l'amour est une passion de l'unicité engendrée par le long apprentissage de la nuance, autant la haine est une passion de la généralité qui désindividualise tout ce qui avait été individualisé et retire à un être toutes ses caractéristiques pour le circonscrire dans une catégorie générique : celle du mal dont il s'agira de s'affranchir définitivement.

Le paradoxe de la haine renaît car elle maintient le lien à la personne haïe en prétendant s'en affranchir. Puisqu'elle est la source exclusive de tout son mal, elle entre encore dans la constitution de soi comme sujet haïssant, alors même que ce dernier prétend s'en mettre à distance par la détestation exclusive. La haine rapproche ce qu'elle met à distance.

L'essentiel reste cependant ce mécanisme d'abstraction au fondement de la haine. Pour haïr il faut retirer à l'autre ses singularités chroniques et l'envisager comme une catégorie. La haine de la personne aimée peut devenir haine de tous les hommes ou de toutes les femmes qui, de près ou de loin, confirmeront les traits négatifs de la personne haïe. Les philosophies de la haine ont bien souligné ce point. La haine ne tient jamais compte de la particularité : elle « est fondamentalement généralisatrice. Le singulier la désamorce[8]. » La haine est imprécise : « On hait indistinctement. Il est difficile de haïr avec précision. Avec la précision viendraient la tendresse, le regard ou l'écoute attentifs[9]. »

La passion de la haine n'est jamais solitaire

La haine n'est une passion motrice qui défait toutes les peurs initiales que parce qu'elle est partagée. La haine solitaire est une haine fragile, jamais assurée d'elle-même. Comme le souligne l'un des personnages de la pièce de Bernard-Marie Koltès, *Dans la solitude des champs de coton*, « s'il est dur de haïr seul, à plusieurs cela devient un plaisir[10] ». Cultivée à plusieurs, elle devient la manière d'être d'un groupe de sujets qui s'en réclament pour exister à la fois individuellement et collectivement. Nous n'imaginons pas une personne raciste s'autoriser à haïr seule. Elle a besoin que son action soit portée au-delà d'elle-même par l'action des autres. Elle a surtout besoin, d'une part, d'un environnement émotionnel et pragmatique qui légitime ses actions et l'autorise à aller toujours plus loin dans la détestation ; et de l'autre, d'une culture de la haine largement fabriquée, notamment par les réseaux sociaux et les canaux hégémoniques d'information, mais aussi par les groupes d'appartenance entre proches.

La haine des autres présuppose toujours un groupe de la haine, virtuel ou réel. Je hais parce que nous haïssons. La culture de la haine est condition de l'adhésion à un nouveau groupe. Son bénéfice premier est la disparition de la peur initiale mais son bénéfice second est l'affirmation de son être dans les limites d'un groupe lui-même affirmé. La haine est « toujours collective et idéologiquement constituée[11] ».

Ce groupe de la haine ne peut exister que parce qu'il est fabriqué par « les pourvoyeurs de haine et les profiteurs de la peur[12] » qui ont pour mission d'accréditer la haine et de la projeter sur une cible particulière en rendant une population responsable de l'insécurité, du chômage, etc. Tandis que la peur, au moins dans un premier temps, isole, la haine rassemble le groupe des heureux élus autour de la même détestation.

Les collectifs de la haine sont nombreux, ils se recoupent souvent mais ce n'est pas une condition de leur existence. Il y a ceux qui détestent les étrangers, ceux qui détestent les migrants, ceux qui ont la haine des personnes homosexuelles, des transgenres, des jeunes de banlieues, des juifs, des musulmans, etc. Chacun de ces collectifs privilégie une version de la haine qu'il légitime en s'efforçant de la rendre évidente dans un discours qui est le plus souvent un discours de rappel à la norme. La haine des transgenres, par exemple, s'établit dans un groupe qui valide l'hétérosexualité et le partage clair entre sexe masculin et sexe féminin. La haine des étrangers valide la norme de la souveraineté nationale et active le discours de l'imperméabilité des frontières, etc. Au sein de chaque groupe, chaque sujet haineux est aboli comme sujet anormal et réinscrit dans une normalité qui le soutient et qu'il produit par ses propres jugements et conduites. Car il n'y a pas d'original de la norme, celle-ci n'existe que par sa production au sein des actes répétés de haine à l'intérieur d'un groupe[13].

La bataille des récits

La liste est si longue que l'on peut se demander qui a intérêt à l'entretenir. Le rôle des médias dominants est sans équivoque. Il a été démontré que plus un individu regarde la télévision et plus il perçoit le monde comme dangereux et malveillant. Le philosophe des sciences Karl Popper a alerté sur le fait que la télévision est un « danger pour la démocratie » car elle ne cesse d'exhiber la violence et ainsi de la banaliser. En fait, il faut interpréter les écrans non comme des surfaces neutres de projection des images extérieures à des fins de spectacle et de divertissement, mais bien davantage comme de véritables cadrages actifs qui fabriquent par avance le sens à donner aux images diffusées en les inscrivant dans un récit, a priori, de l'interprétation du monde. Notre exposition aux écrans est telle que nous sommes, par essence, orientés dans notre sélection des récits interprétatifs du monde par la façon dont nous sommes constitués en sujets récipiendaires des récits hégémoniques.

Le fait d'être exposé à la grille de lecture d'une chaîne d'information en continu non seulement affecte notre perception du monde mais la construit sur les bases d'un a priori de la chaîne qui est par exemple celui de la fabrication de l'insécurité par les étrangers. Carolin Emcke s'est livrée à un raisonnement par l'absurde très intéressant. Elle nous propose d'imaginer ce que serait notre perception de la réalité si les journaux et émissions télévisées ainsi que de nombreuses pages Facebook ne cessaient de mentionner et de cibler exclusivement tous les chrétiens qui commettent des délits et où « chaque crime commis par un chrétien serait présenté dans un rapport causal avec sa religion[14] ». Dans ce raisonnement médiatique, la passion de la désindividualisation fonctionne à son comble : « Il n'y serait jamais fait mention d'amoureux chrétiens, d'avocates fiscalistes chrétiennes, de paysans catholiques ou de garagistes protestants. Il n'y serait question, exclusivement, que du Ku Klux Klan, des attentats d'opposants à l'avortement… en passant par les crimes pédophiles[15]. » Surtout, il prive par avance le téléspectateur de toute possibilité d'identification à une personne présentée en singularité et en nuance.

Le cadrage des images ne se contente pas de les sélectionner selon la portée supposée de l'information. Il en construit la philosophie en les interprétant comme des effets d'une causalité qui leur échappe mais dont elles sont dépendantes, et qui renvoie aux schémas d'interprétation en vigueur dans le pouvoir télévisuel. J'emprunte le terme de cadrage à Judith Butler dans son analyse de l'enrôlement des États-Unis dans la rhétorique de la guerre après les attentats du 11-Septembre pour désigner le fait que le cadrage suggère par avance la trajectoire interprétative des affects mobilisés en retour, par les images, chez le téléspectateur. Le cadrage vaut comme théâtre de l'accusation à l'endroit de ce qui est montré. « Un pouvoir manipule les notions de l'apparence et à ce moment-là on ne peut pas se défaire du cadre ; on est cadré, cela signifie qu'on est accusé et donc jugé par avance, sans aucune preuve valide et sans aucun moyen aisé de pouvoir s'y opposer[16]. » Au moment du 11-Septembre, le musulman tend à être stigmatisé comme l'ennemi national et ce cadrage accusatoire a priori rend toute riposte éventuelle particulièrement improbable. Comment se retourner contre une structure d'accusation a priori lorsque cette structure est exhibée dans le flux continu des images ? Comment lutter contre des pouvoirs médiatiques qui sont la face émergée d'un pouvoir financier dont les intérêts vont de pair avec le conservatisme social jusqu'à la haute probabilité de l'affirmation sans complexes d'un monde inchangé impliquant le pilier fonctionnel de la souveraineté nationale ?

La honte mutique et la haine mutuelle

Vivre la haine en lui donnant corps dans sa chair et au sein du groupe d'appartenance, c'est se situer aux sources de l'embrasement des haines. La vie psychique et physique de la haine force une personne, un groupe de personnes, en tant que cible de la destination passionnelle, à s'en faire le récipiendaire. Mais alors c'est le sujet exposé à la haine qui entre à son corps défendant dans le corps de la haine en cherchant une issue vivable pour lui. Deux trajectoires sont alors possibles : le mutisme ou la haine. Quand nous ressentons qu'une haine nous est vouée de façon injuste, nous éprouvons un sentiment d'injustice qui peut se transformer en mutisme, en résignation ou au contraire en véritable haine.

La première est la plus répandue : frôler les murs,

se rendre invisible, devenir imperceptible, c'est la manière dont Gregor Samsa répond à la haine de sa famille suite à sa métamorphose ; c'est la manière dont tout sujet s'y prend avec la haine des autres : disparaître dans la honte d'être haï. L'effacement équivaut à la décision de ne pas relever le gant de la haine en le renvoyant à celui qui l'a jeté sur nous tant son bras est relié à des milliers d'autres bras, alors même que la haine est vécue comme injuste. Il s'agit moins alors d'une décision que d'une attitude de défense née d'une extrême lassitude et à l'origine de la mélancolie du sujet haï. Pourquoi lutter quand le combat est perdu d'avance ? À quoi bon ? Comment répéter, par exemple, le combat contre le racisme institutionnel de la police jour après jour ? Ne vaut-il pas mieux ne plus parler, ne plus exister, rester dans la honte d'un silence vécu comme une injustice supplémentaire mais à laquelle on est condamné à se résigner ? « Être sans cesse en butte à la haine conduit souvent les victimes à s'enfermer dans le mutisme[17]. » Ne plus désirer être vu, alors qu'on ne cesse de vous voir comme celui que vous n'êtes pas, ne plus désirer parler, alors qu'on ne cesse de parler contre vous, au point que vous êtes vécu par les autres comme une catégorie de l'infâme et plus jamais comme un visage, au point que votre visage n'est plus que le masque négatif qui abrite la catégorie forgée par les autres en position de pouvoir vous haïr, sans que vous ne répliquiez, c'est cela vivre la honte mutique.

Le premier succès de la haine est justement d'engendrer le mutisme teinté de honte chez celui à qui elle s'adresse, de le priver de la possibilité de parler en son nom « librement et avec insouciance[18] ». Pourquoi haïr ? Pour rendre invisibles et inaudibles les sujets haïs réduits au silence et à la honte d'exister. La mélancolie de la personne enfermée dans la haine de l'autre, sans possibilité durable de s'y opposer, est à terme profondément invivable. Comment exister en effet lorsque l'on est situé, « sur l'échelle normative, quelque part entre l'invisible et le monstrueux[19] » ? La mélancolie engendrée par la haine des autres s'avère, pour cette raison, hautement inflammable et risque fort de se commuer, à la première occasion, en haine de la haine. Car il s'avère impossible d'endosser les habits du sujet catégorisé par les autres en être indésirable sans se laisser gagner à son tour par la haine.

Là se trouve la deuxième destination de la haine. Si elle cherche à faire capituler le sujet haï en l'enfermant dans la honte et le silence, elle provoque le plus souvent en retour sa propre haine dès lors que cette honte cesse d'être la philosophie des vaincus. Il faut pour y parvenir une décision exceptionnelle, héroïque, qui force l'admiration en laquelle le vêtement de la lassitude est abandonné. Mais c'est le plus souvent au risque de sa vie. Quand Eric Garner, à la suite d'un énième contrôle policier violent aux États-Unis, réplique en disant, selon des témoins qui ont rapporté ses propos, « Ça doit cesser aujourd'hui », il s'extirpe de la mélancolie des contrôles au faciès et lutte pour le droit d'apparaître librement dans l'espace public. Mais cette lutte lui coûte la vie et cette phrase héroïque cède la place à une phrase tragique : « *I can't breathe* » (« Je ne peux plus respirer »). La haine de Garner n'est pas une haine des policiers mais bien d'abord une haine de la haine véhiculée par les policiers et qui leur est adressée. La haine-réplique est d'abord une haine de la haine et elle ne se confond avec la haine du groupe de sujets haïssants que lorsqu'elle ne trouve aucune issue, aucune possibilité de triompher.

C'est alors que la haine devient monde total. Quelle en est la trajectoire ? En vivifiant le corps singulier et le corps collectif qui la portent, la haine se heurte au groupe des sujets haïs. Quand ceux-ci osent répliquer car ils en ont tout simplement assez de rester inertes face à la haine qu'ils endurent, quand ils veulent défaire la honte qui les saisit, la seule réponse possible est la haine. Celle-ci est alors considérablement amplifiée. Spinoza le note parfaitement : « La haine est augmentée par une haine réciproque et peut au contraire être éteinte par l'amour[20]. » Le terme de réciprocité n'indique aucune égalité dans la haine. La haine n'est jamais symétrique tant le groupe qui l'exerce en premier est, en règle générale, en rapport de force par rapport au groupe qui la subit. Même d'individu à individu, celui qui prend l'initiative de la haine prend un pouvoir décisif sur la personne haïe dont la haine en retour ne peut être qu'une réplique, jamais une source. C'est que la haine est prise de pouvoir sur l'autre. En inscrivant une personne dans les filets de la détestation, cette personne est assignée à une place qu'il lui est très difficile de quitter. Ce raisonnement vaut encore davantage pour la haine quand elle porte sur un groupe. La possibilité individuelle de la fuite est alors annulée car la détestation, en se faisant générique, s'alimente d'une généralisation abusive de ce groupe qui le fixe dans une identité et un caractère que chaque individu du groupe est contraint de répéter à ses dépens.

La haine, en devenant réciproque, tend à devenir

un univers en soi qu'il est très difficile d'éteindre. L'hypothèse de son abolition par l'amour, suggérée par Spinoza, a tous les risques de devenir chimérique car la haine est, par la réciprocité, démultipliée au point de s'autonomiser pour devenir à elle seule sa propre raison d'être.

La colère plutôt que la haine

Quand la haine de la haine est soudainement renvoyée, tel un boomerang, à la face de ceux qui l'ont engendrée, car elle est invivable, insupportable aux yeux de ceux qui l'éprouvent en permanence, alors cesse la honte (résignation/mutisme/invisibilité) et commence la colère. Tant que la haine de la haine reste dans les limites de la peur, tant qu'elle maintient une personne, un groupe de personnes dans la hantise d'être montrées du doigt, d'être désignées comme les responsables de bien des malheurs, elle reste à l'intérieur de la honte mais ne peut pas la vaincre. Elle est un texte caché, prononcé en coulisses, jamais un texte public, permettant à ceux qui vivent la haine des autres de tenir dans la haine. La honte est le vécu social de toute personne dominée qui ne peut pas remettre en question la domination. Elle est alors une dimension de la lâcheté mais à la condition que la lâcheté soit interprétée comme une dimension essentielle de toute survie en milieu social. Il y a colère lorsque la haine de la haine cesse d'être incorporée à la vie qui fait honte et s'en prend aux haineux mais aussi dans le même temps au format social de l'engendrement de la haine.

La colère est très souvent discréditée comme faisant corps avec la violence. Elle est alors interprétée comme un état d'emportement au point de conduire une personne vers une extrémité non désirée par elle. Prise dans la haine, la colère se fait ainsi destructrice. Spinoza en établit la formule : « La colère est le désir qui nous pousse à faire, par haine, du mal à celui que nous haïssons[21]. » Ainsi pensée, la colère est une expression de la haine, elle en est son bras armé dirigé contre sa source présumée. Il existe pour Spinoza un lien organique entre la haine et la colère. « Celui qui hait quelqu'un s'efforcera de lui faire du mal[22] » : la colère donne corps à la destruction de la personne haïe en métamorphosant le haïssable en réalité à détruire.

Il faut cependant s'interroger sur le lien entre la colère et la haine. Autant la colère est injuste quand elle est le bras armé de la haine, autant elle peut être une manière d'être légitime dès lors qu'elle se retourne contre la haine et abolit la haine de la haine. Une colère contre quelqu'un est injuste si elle cherche à détruire cette personne ou si elle est une prise de pouvoir abusive sur elle. Elle peut être juste quand elle se mobilise contre une conduite jugée irrespectueuse. Dans le même sens, des colères populaires peuvent être à l'origine d'un déferlement illégitime de violence, d'un lynchage, de meurtres. Elles peuvent aussi être un discernement collectif des causes du mépris social. Certes la frontière entre ces deux régimes de colère n'est jamais aisée à établir, pas davantage que ne l'est le « quantum » de colère tolérable et légitime.

Il reste que se priver de la colère, a priori, en l'écartant comme un mal absolu, c'est se priver de l'une des seules armes mobilisables contre la haine. Que vous soyez haï ou que vous haïssiez, que cette haine soit partagée par celui que vous haïssez ou non, la seule possibilité de lâcher la haine est de vous mettre réellement en colère contre vous ou contre celui qui vous hait. Toute autre position risque fort d'être un angélisme qui ne dit pas son nom.

Qu'est-ce alors que se mettre en colère contre sa propre haine lorsque l'on est envahi par elle ?

Ou qu'est-ce que se mettre en colère contre la haine de l'autre ? C'est mobiliser un affect suffisamment puissant pour nous détacher de la fixation imaginaire à l'objet de la haine avec lequel on vit puissamment. Certes, l'amour peut y parvenir également. Chaque fois que vous aimez au lieu de haïr, vous êtes parvenu à laisser tomber la haine et à l'éteindre. Mais précisément, pourquoi devrions-nous aimer celui ou celle que l'on hait si ce n'est qu'on l'a aimé(e) dans une vie antérieure et que les conditions de remémoration de cette vie antérieure peuvent soudainement produire leur travail dans la vie actuelle ? Autant dire que vous risquez d'attendre longtemps tant l'imagination amplifie la haine dans le moment présent en attachant pour la vie, pour la mort, le sujet haïssant au sujet haï, les rendant aussi inséparables l'un de l'autre que dans l'amour. Car elle travaille en permanence dans deux directions complémentaires. La vraie haine se réjouit du malheur de la personne haïe, s'afflige de son bonheur et le processus de l'imagination s'avère central dans les deux cas. Spinoza : « Celui qui imagine ce qu'il hait comme affecté de tristesse se réjouira ; si, au contraire, il l'imagine comme affecté de joie, il sera attristé[23]. »

Seule la colère peut briser le cercle narcissique de

la haine qui ne cesse de se nourrir de sa propre imagination. Il ne s'agit pas de travailler à devenir coléreux ou se rendre colérique à la moindre occasion, mais bien plutôt d'établir la colère comme l'affect d'une réorientation possible de la juste conduite à l'égard de soi-même ou des autres. Se mettre en colère peut révéler dès lors que les choses ne peuvent plus en rester ainsi, qu'elles doivent impérativement changer, que la haine est décidément trop toxique pour soi-même mais aussi pour les autres. Seule la colère peut être l'orage qui met fin à la tempête de la haine. Elle seule peut parvenir à décontenancer la haine.

La colère que vous sentez monter en vous à force d'être haï doit se déverser sur la haine dont vous êtes l'objet pour l'étreindre et l'éteindre. Et que dire de votre propre haine ? Vous ne pouvez cesser de haïr une personne car vous l'imaginez à la source de votre malheur mais vous n'en pouvez plus de cette haine car vous sentez qu'elle vous étouffe. Vous percevez très distinctement qu'elle ne peut pas, si puissante soit-elle, vous contenir, car vous réclamez bien davantage pour vivre une vie pleine et heureuse. Aussi vous enragez d'autant plus que vous vous sentez pris comme un rat dans le labyrinthe de la haine qui vous fait vivre mais vous empêche aussi de bien vivre. Cette rage est l'indice de la colère que vous portez contre la haine, de votre désir de la détruire.

Il est rare cependant que la haine à plusieurs soit interrompue par la colère d'un des membres du groupe. Car sans aucun doute serait-il alors rejeté comme un malpropre, un paria à écarter dans les plus brefs délais. Comment la rage pourrait-elle naître dans le groupe des sujets haïssant et se développer au sein de ce groupe au point de le faire disparaître alors que la raison d'être du groupe est d'exister par la haine de chacun de ses membres ? Il faut donc que la colère vienne d'ailleurs et elle ne peut trouver sa source que du côté des personnes qui sont l'objet de la haine et plus généralement de tous ceux, singularités, collectifs qui les soutiennent et luttent avec elles.

Qu'est-ce alors que la colère si ce n'est une rage s'employant à briser la mélancolie du sujet haï et à décontenancer la haine des sujets haïssant ? Judith Butler note que la rage est seule à même de briser la mélancolie née de l'enfermement dans des normes de genre imaginées comme indépassables[24]. Elle peut ainsi apparaître comme le mouvement vital qui refuse les assignations et les violences qu'elles engendrent. La rage n'est alors rien d'autre que l'indignation à se sentir circonscrit dans une identité négative injurieuse que la haine contribue à installer durablement.

La colère prend naissance dans la rage, mais elle va au-delà dès qu'elle s'organise collectivement pour entrer en résistance contre le groupe des sujets haineux. Elle seule peut alors engendrer un rapport de force nécessaire à la destruction de la haine. Mais c'est à la seule condition qu'elle amorce un processus et non qu'elle le termine. C'est uniquement parce qu'elle enclenche la lutte contre la haine qu'elle peut avoir toute sa valeur, mais pour cela il lui faut ouvrir une nouvelle scène, faire irruption dans le monde en bouleversant l'économie des rapports du visible et de l'invisible.

Pourquoi avez-vous occupé les ronds-points ? Parce que vous vous sentiez méprisé par le gouvernement ? Parce que vous aviez l'impression de ne plus compter ? Parce que vous étiez assigné à l'invisibilité ? Parce que vous en aviez assez d'avoir honte ? Parce que vous aviez la rage ? En enfilant le gilet jaune de survie vous avez signifié que la vôtre n'était plus assurée, mais vous avez surtout indiqué que vous étiez l'objet d'une haine de classe farouche régulièrement réitérée par des jugements de valeur normatifs. Seule la colère pouvait vaincre cette haine. Vous avez alors inventé une nouvelle économie de la visibilité : les ronds-points devenaient des lieux de vie et non plus des *no man's lands*, les Champs-Élysées étaient désormais la nouvelle route du peuple et non plus l'avenue des grandes marques. Vous avez instauré, par la colère, une nouvelle subjectivation politique retournant des styles de vie ordinaires, des assemblées éphémères en arme contre le mépris social des dominants. Vous avez obligé ceux qui vous méprisaient ou vous haïssaient à tenir compte de votre colère. Vous avez retourné la haine subie en haine du pouvoir, en haine du président Macron.

N'est-ce pas, Marine, chômeuse ? N'avez-vous pas affirmé que « C'est vraiment Macron le problème » et « Les gens ont vraiment développé une haine, moi la première » ?

N'est-ce pas, Josette, retraitée ? N'avez-vous pas dit que vous aviez la haine contre cet homme alors que vous aviez pourtant voté pour lui au second tour des élections présidentielles ?

Les frontières de la haine, de la rage et de la colère sont certes ténues et il s'avère sans doute impossible et même critiquable de vouloir établir des critères pour les distinguer. Nul ne sait à l'avance ce que peut la haine, si elle prend le visage de la colère ou de la rage, ou au contraire si elle est combattue par elles. Nous vivons le plus souvent dans des passions hybrides qui se laissent colorer de bien des manières.

Pour autant, la colère est sans aucun doute l'affect à convoquer pour lutter contre la haine. Encore doit-elle être reliée à un au-delà de la colère qui est la lutte pour la dignité, la reconnaissance que sa vie n'est pas jetable et encore moins haïssable. C'est alors le sentiment d'une mutualité qui est en jeu et avec lui la possibilité d'une économie de la visibilité alternative au mode d'apparaître des sujets que la haine rend à la fois invisibles et monstrueux.

La colère est juste non quand elle est le bras armé de la haine mais quand elle est ce qui la désarme. Elle est juste non quand la haine, par son intermédiaire, se fait destructrice mais quand elle détruit la haine. Elle devient nécessaire quand elle est en capacité de rendre des vies à nouveau vivables.

Il y a des colères qui sont brèves, instantanées, parce que souvent involontaires, réactions épidermiques. Il y a des colères violentes qui détruisent. La colère juste, à distance de ces manifestations extrêmes, est bien celle qui se transforme en action durable, qui veut abolir la haine en restaurant le désirable, en créant un monde habitable pour un maximum de personnes.

Chapitre VIII

Le ressentiment

Passion souterraine

Et si le souterrain était en passe de devenir notre monde contemporain ? Si le dessous enfoui en chacun de nous se trouvait soudainement exposé au grand jour ? Dostoïevski, dans ses *Carnets du sous-sol*, en élabore la fiction la plus impressionnante. Réfugié volontaire dans son sous-sol depuis vingt ans, un homme ne cesse de parler : il a la haine et il se définit lui-même comme malade et méchant dès la première phrase. L'homme du souterrain se compare à une souris à ce point bafouée par les hommes d'action érigés en juges suprêmes qu'elle se réfugie à l'intérieur dans le souterrain, se laisse envahir par sa rage, et s'adonne au règlement de comptes. Tout doit y passer car rien ne passe : « Là, dans son souterrain puant, répugnant, notre souris offensée, abattue et bafouée, sombre incontinent dans une rage froide, fielleuse et, surtout, sempiternelle[1]. »

Cet ancien fonctionnaire, emmuré désormais dans la solitude extrême, s'échauffe la bile sans rencontrer la moindre adversité. Une conscience maladive le ronge ainsi qu'il le reconnaît lui-même : « L'excès de conscience est une maladie, une véritable, une intégrale maladie[2] », car elle empêche toute action. Cette inaction devient style de vie : « La fin des fins, messieurs, est de ne rien faire du tout. Mieux vaut l'inaction inconsciente. Par conséquent, vive le souterrain[3] ! » Alors peuvent se déployer sans obstacle, tandis qu'il est retranché du monde, seul dans sa conscience, la « faculté de s'embourber » et la « fermentation putride de désirs rentrés[4] », même et surtout si celles-ci ne mènent à rien.

Car il faut surtout ne rien faire, ne rien accomplir qui pourrait nous faire encore croire en la vie. Les derniers mots du souterrain sont l'aveu d'une fatigue extrême, d'un ressentiment généralisé : « Nous nous sommes tous déshabitués de vivre, nous sommes tous devenus boiteux, les uns plus, les autres moins. Nous nous en sommes à tel point déshabitués que parfois, nous ressentons une sorte de répulsion devant la "vie vivante" et par conséquent nous détestons qu'on nous rappelle son existence[5]. »

L'homme dans le souterrain de Dostoïevski, qui bave sur tout le monde, qui se venge de la vie qu'il ne vit pas, c'est précisément chacun d'entre nous aujourd'hui, éructant dans le souterrain de nos passions dangereuses, qui en voulons à tout le monde et nous jetons dans l'ultime bataille du ressentiment.

Ressentiment, ressac, ressassement

Définition du ressac : agitation de la surface marine résultant de l'interférence de la houle et de sa réflexion contre une côte ou contre les obstacles qu'elle rencontre. Définition du ressassement : revenir en esprit, revenir sans cesse sur les mêmes choses. Remâcher, ruminer, etc. Le ressassement n'est-il pas le ressac en eaux troubles qui caractérise le ressentiment ?

Le ressac est un mouvement marin, liquide, qui se fait dans une rythmique enfermée, dans laquelle les mouvements marins des grandes étendues aqueuses tendent à être vidés de leur puissance au profit d'une série d'entrechocs nés de l'obstacle rencontré et qui finit par faire surgir une forme de stagnation indépassable. Il s'agit là d'un mouvement obstiné qui ne peut être éteint contre un obstacle jamais franchi. Il y va d'une agitation qui n'arrive pas à sortir du lieu dans lequel elle se trouve, qui est d'autant plus furieuse qu'elle reste enfermée. On devine dès lors que le vrai contraire du ressac est la puissance de l'action qui vainc l'obstacle dans la volonté d'agir, la libération des eaux marines de la crique rocailleuse où la mer s'est laissé enfermer, l'enthousiasme retrouvé dans la volonté d'agir et de libération.

Ce qui est alors intéressant dans l'idée du ressac, c'est qu'il est une agitation enfermée, addition du mouvement naturel de la houle et du choc en retour de cette houle, suscité par l'obstacle et l'amoncellement des rochers contre lesquels se heurte la mer.

L'analyse du ressac permet de comprendre ce qu'est le ressassement. Il n'est rien d'autre qu'un ressac intérieur qui bute sur un obstacle suscité par une contrariété persistante, de telle sorte que l'agitation du cours mental qui en résulte ne parvient pas à s'en libérer et reste, au contraire, enfermée dans un mouvement où le heurt contre l'obstacle vient en permanence faire retour, refluer dans le cours mental. En ce sens précis, le ressassement marque la fin de l'écoulement mental, de son animation mobile, l'entrée dans une prison dont il est impossible de sortir.

Dès lors, le ressentiment comme ressassement/ressac n'est rien d'autre que la cage mentale où se trouve enfermé celui qui s'est installé dans la passion de la haine. Alors, le ressentiment est démultiplié par la rage de ne pouvoir sortir de cette cage. Plus il y a enfermement dans la détestation, plus il y a ressassement, plus il y a rage de ne pouvoir en sortir, plus il y a ressentiment.

On mesure dès lors ce qui sépare l'analyse philosophique du ressentiment chez Nietzsche de celle que nous sommes en train d'établir. Quand le philosophe pose l'acte de ressentiment du côté des esclaves qui haïssent leurs maîtres, c'est pour affirmer qu'ils inventent une morale de l'amour, de la consolation, fruit de leur haine des maîtres, qu'ils s'empressent d'opposer aux actes créateurs des tempéraments nobles. L'interprétation sociale de l'analyse du ressentiment posée par Nietzsche mériterait que nous nous y arrêtions davantage, mais contentons-nous d'indiquer ici un élément central du diagnostic proposé dans *La Généalogie de la morale* : « Le soulèvement d'esclaves dans la morale commence lorsque le ressentiment devient lui-même créateur et engendre des valeurs[6]. » Tandis que « l'évaluation de type noble agit et croit spontanément », dit oui à la vie, « l'homme du commun » ou « bas peuple »[7] ainsi que le nomme Nietzsche, agit pour dire non au type noble, c'est-à-dire à l'ensemble des personnes exerçant le pouvoir. L'analyse est la suivante : la leçon d'amour de la morale juive puis chrétienne « a poussé à partir de la haine[8] ». Ainsi, le ressentiment de l'homme nietzschéen est encore créateur car l'inversion des valeurs dont il procède crée la morale qui s'oppose au type noble.

Une telle thèse ne peut plus être maintenue en l'état. Car le ressentiment semble être toujours davantage ressassement, impossibilité de sortir de sa propre prison. Le ressentiment n'est plus inversion créatrice des valeurs mais aversion destructrice de toutes les valeurs aux origines des passions joyeuses. Il faut avoir en haine les valeurs du courage, de la vérité, de la générosité, de la mutualité pour parvenir à tenir à l'intérieur des passions dangereuses, pour ne pas être détruit par elles.

Le ressentiment est la clef de voûte qui nous fait tenir dans les passions dangereuses, en les équilibrant et en nous permettant de vivre dans la tristesse. Pourquoi ? Car il alimente l'aversion, la haine, en nous attachant à elles sans pour autant agir dans le sens d'une destruction de l'objet de la haine. La haine-ressentiment apparaît même comme une issue à la haine destructrice dans la mesure où elle crée la vie psychique de la vengeance, sans pour autant susciter le passage à l'acte. Bien au contraire, éprouver le ressentiment, c'est justement vivre dans le flux continu de la vengeance en se nourrissant du moindre événement comme un aliment supplémentaire au service du ressentiment.

On comprend dès lors quelle est la fonction psychique du ressentiment. Celui-ci vise, d'une part, à faire tenir celui qui vit dans la passion dangereuse en le justifiant d'exister dans la jalousie, le mensonge, la haine, etc., car le ressentiment éprouvé pour quelqu'un fonctionne comme le moteur de la passion dangereuse qui justifie les actes de jalousie, de mensonge, de haine, etc. Il vise d'autre part à détruire les antonymes axiologiques des valeurs négatives de la jalousie, du mensonge, de la haine, etc., en s'en prenant à la générosité, à la vérité, à l'amour, etc.

Sous ces deux conditions, le ressentiment nous permet de nous complaire dans la cage des passions dangereuses et nous fait prendre en aversion les passions joyeuses soutenues par des valeurs affirmatives désormais dépréciées, sauf à de rares moments, par intermittence, comme des signaux trop faibles, trop inconstants pour nous aider à sortir de la cage et à nous éloigner du ressac en nous propulsant dans la haute mer libérée. Il arrive à l'homme du ressentiment d'être nostalgique de la lumière perdue, du goût de la vérité éteint, de la passion de la générosité disparue, de l'étiolement de l'amour, mais cette nostalgie est aussitôt digérée par la fonction de ressassement du ressentiment qui légitime celui qui vit la passion triste en suggérant que sa tristesse a une cause extérieure qui mérite d'être haïe.

L'opium du ressentiment n'a qu'un but : nous éloigner des valeurs à l'origine des passions joyeuses, la vérité, l'honnêteté, etc., nous faire détester les passions joyeuses en nous permettant de tenir, en nous anesthésiant et en nous rendant insensibles.

Passion récapitulative

Qu'est-ce alors que le ressentiment si ce n'est d'abord la seule façon de vivre dans les passions dangereuses ? Être jaloux, haïr, mentir, envier, voilà que tous les actes des passions dangereuses nous ont fait du mal en nous éloignant de la joie d'exister en présence à soi, ont nourri le fiel contre les autres mais aussi contre ce que nous étions avant. Le ressentiment, c'est l'aveu de cette déception, de ce renoncement à la promesse de pouvoir être soi. Nous ne sommes pas devenus ce que nous souhaitions devenir. Nous n'avons pas eu la vie que nous voulions avoir. Nous sommes pris dans les passions négatives qui nous ont éloignés de nous et nous ont diminués.

Cette déception est à ce point insupportable et inacceptable que nous la retournons contre les autres pour ne pas avoir à la vivre à la première personne. Le ressentiment est alors le désir de vengeance que nous substituons à l'impossible haine de soi.

La lâcheté, la paresse, la jalousie, le mensonge, l'envie, la haine, la peur seraient sans doute invivables sans la passion du ressentiment qui leur confère une justification externe et permet ainsi de les équilibrer. Comment pouvoir encore s'aimer alors que nous nous détestons jaloux si nous ne détestions pas davantage encore l'objet de la jalousie ? Comment ne pas se détester lorsque nous nous haïssons si nous ne détestions pas davantage encore celui que nous haïssons ? Comment soutenir que nous sommes des menteurs chroniques si nous ne nourrissons pas un profond ressentiment à l'égard de celui à qui nous mentons ?

Le ressentiment est l'ultime passion qui gît dans toutes les autres. Il acquiert dès lors un triple statut : il en est à la fois le noyau interne, la seule médecine possible et leur ultime extension. Le noyau interne : en lui, les autres passions trouvent leur raison d'être, parviennent à se déployer, s'affirmer, s'équilibrer. La seule médecine possible : le ressentiment est une structure de compensation, de décompression à l'égard de ce que chaque passion dangereuse a de trop destructeur. Ne pas s'aimer, cela n'est possible qu'à la condition d'en vouloir aux autres de ne pas s'aimer ; en vouloir aux autres est donc bien la seule possibilité de s'aimer dans la détestation de soi. Leur ultime extension : le ressentiment, suscité par la haine de soi, elle-même engendrée par la tristesse des passions dangereuses est la voie de rédemption imaginaire privilégiée pour reconquérir, grâce à la haine du monde extérieur, l'amour de soi perdu.

Le ressentiment est donc bien la passion récapitulative par excellence : il permet d'équilibrer toutes les autres en leur conférant une surface de projection sociale sans équivalent, telle la pierre la plus haute de la voûte qui fait tenir ensemble toutes les autres pierres. Le ressentiment construit ainsi l'arc passionnel des passions dangereuses en clef de voûte de l'existence en permettant à chacun d'entre nous de se sentir justifié dans l'injustifiable.

Interprétation sociale

Il nous faut redescendre dans l'antre de Dostoïevski car l'esprit du ressentiment gît au fond du souterrain, mais il faut en proposer désormais une lecture sociale. L'hypothèse avancée par Dostoïevski était la suivante : le dégoût de la vie est l'ultime passion quand nous sommes séparés de la vie. Elle sera reprise au vol par Nietzsche dans ce qu'il appelle le hasard des rencontres[9]. Découvrant le livre de Dostoïevski dans une traduction française, tandis qu'il flâne dans une librairie de Nice en 1886, il s'en empare pour en livrer sa propre interprétation dans la première dissertation de *La Généalogie de la morale* : « Écoutez bien ! Ces animaux des caves qui ne sont que vengeance et que haine, que font-ils justement de la vengeance et de la haine[10] ? » La réponse est cinglante : ces animaux des caves sont « les hommes du ressentiment[11] ».

La différence d'interprétation établie par nos deux auteurs est essentielle. Là où l'homme du souterrain était seul contre le reste du monde, voilà qu'un pluriel émerge que Nietzsche analyse de façon négative, péjorative, blessante : une meute, une populace est à l'œuvre dans le ressentiment et invertit les valeurs en proposant une morale qui donne la supériorité au peuple sur les maîtres grâce au triomphe de la vision des prêtres. C'est la revanche des vaincus. La vie dans les caves a fini par abolir la grande lumière du Midi. « La morale de l'homme du commun a vaincu[12]. »

Nietzsche insiste sur le fait que le ressentiment culmine dans la morale de l'esclave pour qui l'action de briser ses fers reste interdite et qui doit se contenter d'une vengeance imaginaire recherchée dans la consolation de l'au-delà religieux. Cet élément est précieux car la généalogie du ressentiment reste tributaire d'une scène psychique de la soumission. Le ressentiment n'est pas révolutionnaire mais il est l'arme imaginaire qui permet d'en vouloir aux maîtres et ainsi de continuer à tenir le coup dans la soumission et dans la servitude. Nietzsche parle ainsi du « ressentiment de ces êtres à qui la réaction véritable, celle de l'action, est interdite, et que seule une vengeance imaginaire peut indemniser[13] ». Là réside selon lui le type faible : désormais l'homme du ressentiment vit exclusivement dans sa tête et porte haut une vengeance qui ne voit jamais le jour. Vouloir se venger de ne pas pouvoir vivre est alors la caractéristique de l'homme du ressentiment.

Quelle est l'importance pour nous de cette lecture du ressentiment ? Selon Nietzsche, le ressentiment est une passion qui sépare l'homme de la vie en la retournant en esprit de vengeance contre tous ceux qui osent encore lui dire oui. Le ressentiment a dès lors un double statut : il est certes la passion qui sacrifie la vie, mais il reste encore une façon de vivre d'autant plus puissante qu'il coalise tous les « esclaves », donc les vaincus, autour d'une morale qui fabrique un corps commun.

Nietzsche suggère qu'il existe un lien étroit entre la démocratie et le ressentiment. L'homme du ressentiment est l'homme démocratique qui veut imposer sa morale égalitaire à l'homme aristocratique. L'argument est sans doute profondément antidémocratique mais Nietzsche perçoit très bien l'importance de l'esprit de ressentiment dans la fabrication du peuple. Le ressentiment n'est pas seulement l'arme retournée contre la vie, il est dans le même temps ce qui unifie un groupe autour d'une même détestation. Il est donc à la fois ce qui nous fait vivre en nous empêchant de vivre, en nous privant de notre puissance d'agir, et dans le même temps ce qui fortifie un groupe, l'unifie selon un esprit de vengeance.

Ces analyses de Nietzsche permettent de suggérer que le ressentiment possède une fonction sociale et non plus seulement psychologique. Il n'est jamais seulement l'œuvre d'un seul mais toujours une rumination à plusieurs. Toutes les détestations s'équilibrent dans un groupe, grâce à lui, mais à la condition qu'il devienne la vocifération de tous. Si « la morale des "esclaves" se joue déjà ici, dans le fait de se soumettre à la rumination[14] », c'est à la condition que cette rumination soit précisément celle d'un groupe de personnes qui se sentent vaincues par le cours des choses, « esclaves » donc en ce sens-là (qui n'est pas du tout celui de Nietzsche), terrassées, brisées et qui n'ont d'autre possibilité que de vivre dans la rumination agressive à l'égard d'un autre groupe de personnes, souvent en position sociale proche, mais perçues comme occupant une position privilégiée par rapport à elles[15]. Le ressentiment est alors l'impuissance à plusieurs retournée en arme imaginaire contre un groupe perçu comme plus puissant que le sien.

Le vécu d'humiliation, l'insatisfaction chronique et la passion du chef

Il est très important de comprendre que l'essence du ressentiment n'est pas le passage à l'acte, la destruction de l'autre par la violence physique, mais perce bien plutôt dans le fait d'en vouloir potentiellement à n'importe qui et de se trouver acculé à un esprit de vengeance général, s'exerçant de façon imaginaire et altérant la vie psychique. Le ressentiment n'est pas alors la vengeance réelle mais bien davantage le besoin de vengeance retourné contre quelqu'un qui n'est pas, d'ailleurs, nécessairement différencié. Cynthia Fleury observe très bien ce point quand elle note que le ressentiment consiste à « être sur le fil de la vengeance, ruminer, mais être encore sur le fil pour ne pas y sombrer totalement, pour ne pas vouloir y sombrer totalement[16] ».

Que se passe-t-il quand certains groupes sociaux éprouvent un ressentiment général qu'ils finissent par adresser à un autre groupe social ? Alors le ressentiment générique se colore d'une haine spécifique et les conditions sont dès lors réunies pour l'exercice de la violence. Ce qui autorise le passage du ressentiment à la haine, c'est bien le sentiment d'humiliation qu'endure toute personne, dès qu'elle est exposée, en tant que membre d'un groupe, soit au mépris social, soit à un défaut radical d'appréhension et de reconnaissance. Le ressentiment trouve alors son origine ou dans l'injustice sociale dont nous sommes l'objet, ou dans « la peur de n'être rien[17] » qui assaille toutes les personnes qui ont le sentiment de ne plus compter, qui redoutent que leur vie se déroule en pure perte, qu'elle soit secondaire, dispensable. Il est la revanche imaginaire que les vies « jetables » opposent à la terreur de n'être plus rien.

Tandis que Nietzsche dénonce la modernité en soulignant qu'elle est la revanche des faibles sur les forts et qu'il voit un symptôme de cette modernité dans la démocratie, il est beaucoup plus intéressant de chercher à interpréter le ressentiment comme l'instrument de vengeance imaginaire de celles et de ceux qui vivent dans leur corps l'épreuve de l'humiliation. Qu'est-ce que se sentir méprisé ? Les humiliés ne veulent pas seulement retourner leur humiliation contre le groupe qui en est l'origine supposée. Ils la ruminent, vivent en elle, ne parviennent pas à y échapper au point d'être en colère permanente, de façon sourde, rentrée, mais qui peut devenir publique dans certaines circonstances. L'homme du ressentiment, est, dès lors, celui qui en veut à tout le monde car il est l'insatisfait chronique de la forme de vie qui est la sienne. Le ressentiment est alors la colère imaginaire adressée à toute la société dans laquelle nous nous situons quand nous avons la certitude que notre vie ne compte plus aux yeux des autres et qu'elle n'est pas celle que nous souhaiterions avoir.

Elle peut se rediriger en haine contre un groupe particulier quand elle est canalisée et entretenue. Tandis que le ressentiment est l'état d'une insatisfaction chronique et d'une vengeance imaginaire diffuse, il se laisse réorienter en haine d'un groupe particulier et donc en violence potentielle à l'égard de ce groupe quand il est pris en otage par un pouvoir politique fort. Le ressentiment n'est pas, par lui-même, passage à l'acte. Mais c'est bien sur cette structure de la vengeance imaginaire, parfaitement diagnostiquée par Nietzsche, que se cale l'art du chef autoritaire pour gouverner la multitude ingouvernable. Ingouvernable, car chacun est pris dans un type de ressentiment distinct, et néanmoins gouverné car le chef s'adresse à l'instinct de vengeance, le flatte, lui apporte crédit et va au-delà du ressentiment en s'appuyant pourtant sur lui.

D'un côté, le ressentiment tend à être la structure imaginaire de la vengeance comme cela même qui équilibre toutes les passions dangereuses en leur conférant une justification émotionnelle forte. D'un autre côté, une telle culture des passions dangereuses ne peut trouver d'exutoire que dans l'affirmation décomplexée d'un chef prenant en charge ces passions dangereuses, les canalisant et les retournant contre une population particulière, perçue comme indésirable ou comme illégitimement privilégiée.

La condition de cet art politique autoritaire est non seulement de pouvoir s'appuyer sur le ressentiment de toutes celles et de tous ceux qui souffrent et sont insatisfaits de leur existence pour l'exploiter afin de prendre le pouvoir et de gouverner, mais aussi de l'entretenir, de l'engendrer même en le réduisant à la haine d'un groupe en particulier. Le chef autoritaire est justement celui qui parvient à donner corps aux passions dangereuses, aux vécus d'humiliation généralement endurés par celles et ceux qui font l'objet d'un mépris social. Il accrédite le ressentiment général contre les élites, politiques, intellectuelles, économiques, en en faisant une cible autorisée. Il cherche à gouverner le peuple en prenant au sérieux le ressentiment et en lui donnant forme. C'est ainsi qu'en Argentine Milei, pourtant pourfendeur d'une politique néolibérale des plus forcenées, a été élu président le 10 décembre 2023 avec le soutien d'une large partie des classes les plus défavorisées, car il a su donner forme à ce ressentiment[18].

Mais pour cela encore faut-il s'installer dans le marécage des peurs et des haines en effaçant définitivement l'espoir d'un monde meilleur souvent porté par une espérance de progrès social. La transmutation de l'espoir en peur, de l'amour en haine mais aussi du ressentiment diffus en haine spéciale contre un groupe est précisément ce à quoi l'on reconnaît l'autoritarisme. C'est ce qu'a très bien décortiqué Antonio Scurati dans l'analyse qu'il consacre à la prise de pouvoir en Italie par Mussolini en 1922 : « L'inventeur du fascisme savait que la politique de l'espoir, portée par le prolétariat et la révolution socialiste, lui était interdite. Il lui fallait imaginer une autre voie pour accéder au pouvoir. Il comprit que la seule passion politique qui pouvait l'emporter sur l'espoir était la peur[19]. »

La possibilité de l'enthousiasme

Comment lutter contre la tendance au ressentiment et contre son exploitation autocratique ?

Vous en voulez à tout le monde, vous êtes insatisfait, rien ne vous convient et vous ne cessez de ruminer ? Il est grand temps de pouvoir sortir de ce marécage de ruminations nocives pour essayer de prendre un nouveau chemin, celui de « l'optimisme de la volonté » pour reprendre une célèbre formule du philosophe italien Antonio Gramsci, qui n'est autre que la passion de l'enthousiasme. Il est grand temps de pouvoir vous enthousiasmer à nouveau. Mais l'enthousiasme ne se décrète pas, il se vit comme la disposition à appartenir à un « nous » joyeux et indéterminé. Vous connaissez des exemples d'enthousiasme soudains, quoique éphémères ? Bien sûr, vous pensez aux tout récents Jeux olympiques, mais souvenez-vous également des deux victoires de la France à la Coupe du monde de football le 12 juillet 1998 contre le Brésil au Stade de France et le 15 juillet 2018 contre la Croatie. Que vous aimiez ce sport ou non, il était impossible de se sentir totalement en dehors, de ne pas ressentir le moindre signe de joie ou de légèreté, quand dans les rues des grandes villes pétaradaient de jeunes adolescents à moto avec des drapeaux de la France et de l'Algérie volant dans la nuit derrière eux. Quel était ce corps plus grand que soi dans lequel nous entrions sans tristesse aucune ? De quoi cet enthousiasme était-il le signe ?

Deux siècles avant, en 1798, le philosophe allemand Emmanuel Kant, en bout de route, écrit un texte majeur, *Le Conflit des facultés*, dans lequel, contre toute attente, malgré l'exercice de la terreur, il justifie la Révolution française par l'engouement qu'elle provoque. Ce qui lui donne sens, ce n'est pas l'événement de la prise de la Bastille ni l'avènement d'un nouveau régime politique, mais bien plutôt le signe d'une « disposition morale à l'humanité » comme « fait de la raison » et qui n'est autre que « l'enthousiasme » provoqué par la Révolution dans la tête des gens. Le véritable événement est « la sympathie d'aspiration qui touche de près à l'enthousiasme ». Il y a enthousiasme dans la mesure où sont perçues dans la Révolution la disposition au Bien et la marche de l'humanité vers ce Bien. L'enthousiasme est ainsi, note Kant, le signe d'une disposition morale passée, présente, à venir, qui conduit l'humanité vers le Bien.

Ne sentez-vous pas combien cette réflexion sur l'enthousiasme a toute la valeur d'une politique de l'anti-ressentiment ? Que vous puissiez être relié à un corps politique d'affects joyeux, n'est-ce pas là se fabriquer un corps nouveau, endosser une cape d'anti-mélancolie ?

Comment politiser l'enthousiasme aujourd'hui ? « Ne pas céder au ressentiment[20] », écrit Cynthia Fleury. Certes, mais quelle est la carte de nos enthousiasmes contemporains ?

La possibilité de l'enthousiasme ne se décrète pas, elle se vit et on l'éprouve dans son corps. Il faut également des conditions économiques, sociales, politiques, pour que se coalisent des désirs et le sentiment d'une appartenance élargie. Le plus souvent, tous ces éléments se mêlent de la plus étrange des façons. N'avez-vous pas, le temps d'une victoire sportive, éprouvé l'abolition des corps et leur recomposition dans un ensemble plus vaste, où soudainement semblaient disparaître les frontières de genre, de classe, de race ? La France « black-blanc-beur » de 1998 ne fut-elle pas le signe d'un enthousiasme qui avait momentanément aboli le ressentiment et les politiques de la haine qui le canalisent pour mieux le cibler sur des populations particulières ? Souvenez-vous qu'à l'origine de ce slogan, il y a la création en 1984 d'une compagnie de hip-hop dans la ville de Trappes dans les Yvelines, Black Blanc Beur, par Jean Djemad et Christine Coudun. Leur idée, à l'origine de la compagnie B3, est de travailler avec une quarantaine de jeunes scolarisés ou non, de former des « danseurs-citoyens ».

L'enthousiasme est affaire de création alors que le ressentiment est la complainte des marécages inactifs. « Un sentiment ne peut être contrarié ou supprimé que par un sentiment opposé et plus fort que le sentiment à contrarier[21] », écrivait Spinoza. Sans aucun doute une passion ne peut-elle être contrariée que par une autre passion plus forte qu'elle. L'enthousiasme est contagieux comme le ressentiment. Il y a à l'origine de l'un et de l'autre une sorte de ravissement premier, une bascule dans un processus non voulu mais sans aucun doute désiré. Cynthia Fleury propose de combattre le ressentiment par l'admiration qui, « couplée à la générosité et à l'humilité, dans sa version la plus cartésienne possible [...] est un sentiment raisonnable[22] » qui renvoie à la capacité d'étonnement, d'éveil, à partir de laquelle il est possible de se décentrer vers le monde et de le regarder. Mais comment admirer sans s'enthousiasmer ? Si Nietzsche a pu écrire que le ressentiment est créateur d'une morale qui se retourne contre les créateurs, ne faut-il pas s'aventurer jusqu'à affirmer que la création est littéralement enthousiasmante dès lors qu'elle est transportée par d'autres vies littéralement ravies ? Ne sentez-vous pas qu'il nous faut réapprendre à nous enthousiasmer ? Ne voyez-vous pas que seul le ravissement des créations minuscules propagé de proche en proche, de bouche à oreille, à l'origine de l'enthousiasme de quelques personnes qui peuvent s'élargir indéfiniment jusqu'à former un « nous » sans contours distincts est la seule politique possible de l'anti-ressentiment ? L'enthousiasme a ceci de particulier qu'il peut être un texte public partagé à son avantage alors que le ressentiment ne peut pas l'être et doit rester un texte caché même quand il se propage, sauf à devenir la cible prioritaire du chef autoritaire qui n'hésite pas à le convertir en politique de la haine contre les étrangers, contre les chômeurs, contre les jeunes des banlieues, etc. Mais alors le ressentiment qui est la passion récapitulative de toutes les autres passions se laisse réinscrire dans le circuit de la passion haineuse pour se réduire à une détestation ciblée et ne plus être que cette « dégoûtante malveillance », cette « capacité dépréciative » générale à laquelle « rien ne résiste »[23].

Il vous faut, mais ce vous a toujours été un nous, politiser l'enthousiasme des microcréations pour produire enfin cette « ontologie de nous-mêmes » que nous souhaitons opposer aux passions dangereuses. Souvenez-vous alors que toutes les créations minuscules sont des affirmations de la vie et souvenez-vous que nul ne sait ce que peuvent ces créations quand elles se coalisent.

Les microcréations de la vie ordinaire, l'insouciance, le courage de la vie à plusieurs sont ces microcréations qui s'opposent au ressentiment.

Pouvez-vous concevoir que vous êtes les compagnons de l'enthousiasme plutôt que les pourfendeurs des nuages du ressentiment ?

Conclusion

Résister à la post-mélancolie

Les quatre cavaliers philosophiques de l'apocalypse des passions

La philosophie s'est toujours méfiée des passions. Elle les a vues comme des égarements, des maladies. Elle a dès lors cherché les voies de la purgation, de la fortification. L'appel à la raison est devenu son étendard. Il n'y a pas là de quoi s'étonner tant la philosophie s'est pensée comme une médecine de l'âme, une « thérapeutique[1] » destinée à affermir la santé de l'âme comme la médecine qui est l'art de la santé du corps. Elle a pu alors apparaître comme un bréviaire de la vie dépassionnée. Une existence s'est forgée dans le marbre de la philosophie. Ce fut un scintillement de tous les instants, une stance apollinienne pour promettre la vie éternelle et souveraine. La philosophie a voulu dépassionner l'homme : ce fut l'une de ses propositions les plus étonnantes. La passion est prisonnière du temps, elle change au gré des fluctuations. Jamais deux fois l'homme ne se baigne dans le même fleuve de désirs, d'émotions, de sentiments. Il faut l'extraire de cette variabilité, le convertir à la permanence. C'est là que réside ce que les stoïciens nomment la « conversion à soi » et plus largement ce qui s'inscrit dans le tournant socratique de la philosophie tel que formulé depuis la référence au « souci de soi ». Parvenir à l'immobilité de l'âme, c'est le contraire de l'état de passion. Le philosophe ne parvient à « prendre en main les âmes », selon la formule de Platon dans *Phédon*, qu'à la condition de « les délier en les persuadant de se dégager des données des sens à moins de nécessité[2] ». Ainsi, le philosophe depuis Socrate entend nous convaincre qu'il « faut mettre le plus possible l'âme à part du corps » et « l'habituer à se ramener, à se ramasser sur elle-même »[3]. Tandis que la passion risque de laisser l'âme s'évanouir dans le corps selon la crainte exprimée par l'un des protagonistes du dialogue, la philosophie doit réveiller l'âme à elle-même en l'amenant à s'occuper d'elle-même exclusivement comme le soi véritable. Alcibiade le reconnaît explicitement : « Qu'est-ce que c'est que ce soi-même dont il faut s'occuper ? C'est l'âme[4]. »

Dans cette perspective socratique qui lance la philosophie en Occident, les passions sont des égarements funestes dont il faut se prémunir. L'interprétation classique des passions s'accorde sur deux significations majeures.

La passion renvoie tout d'abord à la passivité de la volonté et à des impulsions le plus souvent en provenance du corps sur lesquelles l'esprit semble avoir peu de prise : il faut alors apprendre à détacher l'esprit du corps pour renaître à soi. C'est cette opération à laquelle procède la philosophie.

Elle fait référence également à une inclination exclusive pour un objet qui transporte toute une existence de façon obsessionnelle vers un champ sensible variable : il faut alors apprendre à porter son attention sur ce qui dépend de soi, sur ces seules représentations pour mieux se détacher des objets à l'origine de représentations dont nous ne sommes pas les auteurs ou que nous n'avons pas suffisamment examinées. C'est là également une opération à laquelle doit procéder la philosophie.

Dans cet entrelacs de textes philosophiques, la figure de la passion s'invente comme cela même qui doit être absolument congédié. Car tout en elle est épreuve de perdition. Elle atteste d'une vie trop sensible, trop affectée, trop corporelle alors que la philosophie célèbre l'impassibilité, l'éternité des idées à contempler, l'âme. Elle est corruptible et mortelle alors qu'il faut, conformément à la belle formule d'Aristote de l'*Éthique à Nicomaque*, « dans la mesure du possible s'immortaliser[5] ». La passion est la déraison qui naît de notre immersion dans le monde que la raison philosophique doit vaincre si elle veut aller au-delà de l'instabilité, du flux, de l'indétermination et de la relativité.

Aussi la philosophie n'aura-t-elle pas hésité à figurer les passions sur un mode apocalyptique. Elle est tantôt la déraison du corps de l'individu mais aussi du peuple (Platon), tantôt l'égarement de la raison (les stoïciens), tantôt ce que subit l'âme sous l'impulsion du corps (Descartes), tantôt ce qui diminue la puissance d'agir du corps (Spinoza). Voilà bien les quatre cavaliers de l'apocalypse passionnelle. À eux quatre, et avec tout un ensemble de singularités, de tensions, d'exceptions, ils auront formé le rectangle noir des passions. De près ou de loin, à travers les quatre systèmes philosophiques les philosophes n'auront pas hésité à monter sur leurs grands chevaux pour annoncer que seule la raison peut brider les passions et restaurer la vie authentique. Ils le feront à travers des scénarios certes distincts. L'opposition stoïcienne de la raison aux passions n'est pas la volonté platonicienne de purger l'âme de tout élément corporel. Les mouvements involontaires de l'âme qui réagit aux passions du corps chez Descartes ne renvoient pas à la distinction spinoziste entre d'une part les passions qui diminuent notre puissance d'agir et nous rendent tristes et d'autre part les actions qui l'augmentent et nous rendent joyeux.

Si chaque cavalier présente sa propre apocalypse des passions, ils s'insèrent tous dans un grand mouvement historique d'abandon de la passion. De ce mouvement général, il est possible de retenir plusieurs traits. D'abord, les passions ne sont opposées à la raison que pour autant que la raison est testée à sa capacité de s'opposer aux passions. Ensuite, les passions sont distinguées des actions qui pourraient à la limite être définies comme des passions de la raison : les premières sont des mouvements involontaires, passifs, auxquels l'esprit ne peut consentir tandis que les secondes reposent sur des actions de l'esprit. Passer de l'involontaire des passions à la volonté de la raison, des passions subies aux actions consenties est l'un des enseignements majeurs de la philosophie.

Un mot d'ordre semble alors en résulter : le renoncement comme preuve de sa liberté. Il fut violemment vilipendé par Nietzsche dans *Le Crépuscule des idoles* : « Attaquer les passions à la racine, c'est attaquer la vie à sa racine[6] », prévient-il. Là a consisté selon lui la religion chrétienne alors même, il faut le noter, qu'elle a célébré la Passion du Christ. La philosophie semble emportée dans le même mouvement castrateur dénoncé par Nietzsche quand il évoque la religion. Sous couvert de spiritualisation, celle-ci veut nous affranchir des tiraillements et des bouillonnements internes pour nous placer enfin dans un état de sérénité qui est bien l'idéal de la santé de l'âme. La philosophie est ce chemin que tout progressant emprunte pour parvenir à la « tranquillité de l'âme » selon Sénèque. Il y a là la promesse d'un salut personnel à portée de main résidant dans la capacité de chacun d'acquiescer à la part véritable de soi. Le philosophe se veut l'annonciateur de cette promesse. Il n'entre dans le cortège des maux que pour nous permettre de prendre de la hauteur et nous en libérer. La philosophie, en tant qu'art de vivre, prend corps dans cette compréhension éthique d'un chemin à parcourir. Il nous faut progresser vers nous-mêmes alors même que nous nous en sommes éloignés en ayant été ravis par les passions dangereuses.

Pour une nouvelle théorie de la présence à soi

Comment être alors présent à soi quand on est ainsi présent aux autres dans les passions, au point que cette présence aux autres implique la possibilité de l'absence à soi ? La solution ne peut pas consister à éradiquer les passions car alors nous ne vivrions tout simplement plus.

Dans un texte de *L'Être et le Néant*, d'une grande importance, intitulé « Présence à soi », Jean-Paul Sartre évoque la nécessité d'exposer de façon méthodique une critique vigoureuse de toute forme d'identité personnelle qui équivaudrait à une propriété de soi que le sujet devrait s'efforcer de reproduire en permanence[7]. Il s'agit là pour Sartre de nier la radicale liberté de toute existence : « La liberté du pour soi apparaît comme son être[8]. » Son entière signification est à chercher dans le fait qu'aucun être ne peut s'abriter derrière une définition de soi stable : « L'existence précède l'essence[9]. » La réalité humaine ne peut que s'inventer hors d'elle-même dans des actes qui la relient à d'autres subjectivités, au sein d'une situation qui est toujours contingente et historique, individuelle et collective.

Mais alors cela signifie que l'être humain est hors de lui-même. Il n'existe aucune cachette interne, aucune intériorité tapie à laquelle il faut faire retour comme le navire en son port. C'est dans l'océan des actions et des passions que nous avons à nous ressaisir. Dès lors les passions ne sont pas des émotions internes mais des façons d'exister au monde, des modalités de la relation mouvante aux autres. Aussi la question est-elle de savoir comment revenir à soi dans les passions qui me relient aux autres. Comment ne pas perdre le fil, ne pas s'égarer dans le monde des autres ? Comment instaurer (et non restaurer) une présence à soi ? Nous connaissons également la fameuse formule de Sartre à propos de Husserl : « Nous voilà délivrés de Proust. Délivrés en même temps de la vie intérieure[10]. » C'est sur la route que l'homme doit s'accomplir. Mais comment cheminer sans se perdre ? « La conscience n'a pas de dedans, elle n'est rien que le dehors d'elle-même[11]. » De façon similaire, la passion n'a pas de dedans, elle n'est que le dehors d'elle-même : la passion est une modalité de la conscience. La possibilité de la saisir en elle-même, refermée dans sa coquille d'huître, est un leurre, une impossibilité. Il ne s'agit donc pas d'élaborer une philosophie de l'identité personnelle dans ses connexions passionnelles, mais de comprendre le type de présence à soi qui se joue dans les passions. Comment assumer une juste présence à soi ? Quel travail introduire dans le nœud et l'embrouillamini des passions pour exister mieux, être davantage présent à soi ? En quel sens les passions dangereuses nous rendent-elles absents à nous-mêmes ?

La joie malgré tout

Les passions dangereuses forment le nuage de tristesse indépassable qui nous accompagne en permanence, contrarie notre puissance d'agir, nous sépare de nous-mêmes, nous fait perdre toute présence à nous-mêmes en créant une disposition durable à la mélancolie ou en s'abattant sur nous tel un déluge qui nous noie. Au point qu'y faire face peut presque sembler impossible. C'est cela que je nomme la post-mélancolie : le fait de ne pas pouvoir imaginer un futur non mélancolique à la mélancolie.

Comment rester clairvoyant ? Il ne faut pas s'y tromper. Ces passions dangereuses ne sont dangereuses que parce que nous les jugeons telles, dans l'après-coup du désir d'y voir plus clair en nous ou de vivre autrement. Si nous nous y adonnons, sur-le-champ, avec autant de vigueur, alors même que pourtant nous savons qu'elles nous éloignent de qui nous aimerions être, si nous en usons comme d'une véritable drogue, de façon obsessionnelle, c'est bien parce qu'elles nous sont devenues indispensables.

Dès lors, pourquoi les combattre ? La condamnation morale des passions dangereuses, le plus souvent, manque son but, car il est rare que nous décidions de tromper autrui ou de le haïr par pur plaisir, ou même de façon volontaire, pas plus que nous ne choisissons d'être jaloux ou envieux. De telles passions trouvent en nous des occasions de se développer et nous en sommes bien davantage les récipiendaires que les auteurs. Le plus souvent, nous sommes jaloux malgré nous, notre haine n'est pas voulue, nous mentons à regret. Pire, nous exécrons ce que nous ne pouvons nous empêcher d'être.

Les passions dangereuses nous introduisent dans l'antichambre des mondes non souhaités dans lesquels nous finissons pourtant par évoluer à notre corps défendant, et alors c'en est presque fait de nous tellement nous sommes pris dans une logique quasi autonome, au point que nous ne percevons plus les choix opposés et que nous nous sommes habitués, pire, résignés.

Et tant pis si nous mourons à nous-mêmes, tant pis si nous sombrons dans la vie non rêvée des anges que nous ne sommes plus depuis longtemps. Parfois seulement nous avons honte mais attendons alors que la honte passe ou bien nous passons à autre chose pour précipiter le mouvement de l'insensibilisation requis par la vie dans la passion dangereuse.

Il ne sert alors à rien de s'accuser de tous les maux passionnels de l'univers, mais nous n'avons bien souvent pas d'autre choix, si nous voulons vraiment nous en sortir, que de devenir les socio-analystes de nos propres existences.

Pourquoi n'avons-nous pas d'autre choix ? Parce que les passions dangereuses dans lesquelles nous sommes immergés nous éloignent de la vie que nous souhaitions avoir et que nous nous sentons glisser dans une tristesse suscitée par l'impression bien réelle que notre puissance d'exister est diminuée. Spinoza a raison : « La tristesse est le passage de l'homme d'une plus grande à une moindre perfection [12]. »

Comprendre sa propre vie en socio-analyste, c'est alors faire un premier pas vers la possibilité d'une remise en question des nœuds passionnels qui nous étouffent en les interprétant comme des effets de nos attaches au monde social. Car ces passions dangereuses ne naissent et ne se développent que de l'intérieur d'un ensemble de positions sociales, de normes, de situations qui les rendent possibles, en nous rendant la vie impossible. Pierre Bourdieu expliquait que « comprendre, c'est comprendre d'abord le champ avec lequel et contre lequel on s'est fait[13] ».

Certes, nous ne pourrons jamais nous en défaire totalement. Ce serait naïf et erroné que de le croire car, en ces passions, il y va d'une véritable fabrique de l'être humain en société, d'un ensemble de nouages anthropologiques tellement puissants que leur renaissance, telles de mauvaises herbes, s'avère inéluctable. Et sans doute y a-t-il quelque chose d'encore trop vital dans de telles passions pour pouvoir nous en passer réellement.

Nous devons cependant parvenir à nous déprendre des éléments les plus nocifs de ces passions si nous voulons pouvoir inventer des « composantes de subjectivation[14] » inédites, seules capables d'affirmer une nouvelle façon d'être ensemble et ainsi d'inventer un au-delà à la post-mélancolie. Pour y parvenir, devenons les généalogistes de la violence du monde social qui produit le sujet que nous sommes et que nous ne voulons pourtant pas être.

La réponse aux passions dangereuses ne sera ni éthique ni psychologique, elle sera sociale et politique. Il ne peut plus s'agir de prôner uniquement le souci de soi, l'indifférence à la haine, le détachement, la générosité, l'admiration. Il doit s'agir d'une nouvelle « ontologie de nous-mêmes »[15], d'une enquête sur les expérimentations collectives à opposer à la tristesse.

Bien que l'exploitation des passions dangereuses ne soit pas un programme politique, elle forme pourtant le cœur invisible de presque tous les programmes politiques contemporains. Il semble bien que notre monde soit celui de la post-mélancolie des sujets sociaux que des programmes populistes s'efforcent de gouverner en les flattant dans leurs passions tristes ou en exhibant la cible que ces dernières réclament.

En fin de compte, ce livre aura voulu établir un changement de regard sur ces passions afin de combattre la tristesse qui est devenue le seul air que nous respirons. Soit cet énoncé de Spinoza – « La joie est le passage de l'homme d'une moindre à une plus grande perfection » : pouvez-vous lire cette phrase comme le début d'un programme politique ? Pouvez-vous désindividualiser les affects de joie et de tristesse et vous demander pourquoi vous êtes transformé malgré vous en humain post-mélancolique vous heurtant en permanence aux murs d'une réalité qui diminue chaque jour davantage votre puissance d'être ? Pouvez-vous entendre le « grondement de la bataille[16] » qui court dans nos sociétés et qui fait corps avec le désir d'une vie autre ? Notre besoin de respirer est impossible à rassasier.

Notes

Introduction. Pour une nouvelle philosophie des passions

1. Pour une analyse de la notion d'âme, lire Vinciane Despret, *Ces émotions qui nous fabriquent. Ethnopsychologie de l'authenticité*, Paris, Les Empêcheurs de penser en rond, 1999 ; réédition, 2001.

2. Spinoza, *Traité politique,* Paris, Le Livre de Poche, 2002, *chapitre I,* Introduction.

3. Gilles Deleuze et Félix Guattari, *L'Anti-Œdipe*, Paris, Minuit, 1972.

4. Jean Cottraux, *La Répétition des scénarios de vie. Demain est une autre histoire*, Paris, Odile Jacob, 2001.

5. Ces termes sont empruntés au langage stoïcien, à Sénèque en particulier. Lire sur ce point Michel Foucault, *Le Souci de soi*, Paris, Gallimard, 1984.

6. John Stuart Mill, *L'Utilitarisme* (1861), Paris, PUF, « Quadrige », 1988, p. 37.

7. Platon, *Apologie de Socrate*, Paris, GF, 2024, p. 51.

8. Sur l'histoire de la philosophie sociale, lire Franck Fischbach, *Manifeste pour une philosophie sociale*, Paris, La

Découverte, 2009 ; Axel Honneth, *La Société du mépris*, Paris, La Découverte, 2006 ; Guillaume Le Blanc, *Vies ordinaires, vies précaires*, Paris, Seuil, 2007 ; Éric Dufour, Franck Fischbach et Emmanuel Renault, *Histoires et définitions de la philosophie sociale*, Paris, Vrin, 2013.

9. Franz Kafka, *Le Procès*, Gallimard, « Folio », 1987, p. 280.

10. Albert Camus, *Le Premier Homme*, Paris, Gallimard, « Folio », 2000, p. 222.

11. Alain Ehrenberg, *La Fatigue d'être soi. Dépression et société*, Odile Jacob, 1998.

12. Lire à ce sujet le livre précurseur de Miguel Benasayag et Gérard Schmit, *Les Passions tristes*, Paris, La Découverte, 2003.

13. Nathalie Journo, *Libération*, série Portrait, « Quasi modeste », 9 octobre 1997.

Chapitre I. La paresse

1. Yves Robert, *Alexandre le bienheureux*, 1967.

2. Giorgio Agamben, *Qu'est-ce qu'un dispositif?*, Paris, Rivages, 2007, p. 31.

3. *Ibid.*, p. 31-32.

4. Lire à ce sujet son livre *Surveiller et punir*, Paris, Gallimard, 1975.

5. Cf. Martin Heidegger, *Essais et conférences*, « La question de la technique », Paris, Gallimard, 1958.

6. Lire sur ce point Bernard E. Harcourt, *La Société d'exposition. Désir et désobéissance à l'ère numérique*, Paris, Seuil, 2020.

7. Giorgio Agamben, *Qu'est-ce qu'un dispositif?*, *op. cit.*, p. 32.

8. *Ibid.* p. 33-34.

9. *Ibid.* p. 35.

10. *Ibid.* p. 49.

11. *Ibid.* p. 48.

12. Lire sur ce point Franck Fischbach, *Sans objet. Capitalisme, subjectivité, aliénation*, Paris, Vrin, 2009, p. 31-36.

13. Walter Benjamin, *Expérience et Pauvreté* [1933], Paris, Payot, « Petite Bibliothèque Payot », 2018.

14. Michel Foucault, *Le Souci de soi*, Paris, Gallimard, 1984.

Chapitre II. La lâcheté

1. Nietzsche, *Œuvres III, Le Crépuscule des idoles*, Paris, Gallimard, « Bibliothèque de la Pléiade », 2023, p. 684.

2. Ralph Waldo Emerson, *La Confiance en soi*, Paris, Rivages poche, 2018, p. 112.

3. Édouard Louis, *Monique s'évade*, Paris, Seuil, 2024.

4. Entretien avec Mary Kairidi, Maison de la poésie, 27 mai 2024.

5. Édouard Louis, *Monique s'évade*, *op. cit.*, p. 37.

6. *Ibid.*

7. Descartes, *Traité des passions de l'âme*, Paris, GF, 1996, article 171, « Du courage et de la hardiesse », p. 207.

8. Lire sur ce point le rapprochement qu'opère le philosophe allemand Cassirer entre Descartes et Corneille dans

son ouvrage *Descartes, Corneille, Christine de Suède* [1942], Paris, Vrin, 1997.

Chapitre III. Le mensonge

1. Cf. Emmanuel Kant, *D'un prétendu droit de mentir par humanité,* traduction par Jules Barni, Paris, Auguste Durand, 1855.

2. Falk Richter, *Trust. Nothing hurts*, Paris, L'Arche, 2010.

3. Nietzsche, *Par-delà bien et mal*, Paris, Gallimard, « Bibliothèque de la Pléiade », 2023, §. 183, p. 380.

4. Je me permets de renvoyer sur ce point à mon livre *Les Maladies de l'homme normal*, Paris, Éditions du Passant, 2004, rééd. Vrin, 2005.

5. Paul Auster, *L'Invention de la solitude*, Arles, Actes sud, 2023, p. 28.

6. *Ibid.*

7. Michel Foucault, *Dits et Écrits*, tome 2, « Préface », Paris, Gallimard, « Quarto », 2001, p. 136.

8. *Ibid.*

9. Cf. Jacques Rancière, Laurent Jeanpierre, Dork Zabunyan, *La Méthode de l'égalité* (entretiens), Paris, Bayard, 2012.

Chapitre IV. L'envie

1. John Locke, *Essai sur l'entendement humain*, Paris, Vrin, 2006, 2e édition, chapitre II-21, § 33.

2. Spinoza, *Éthique*, Paris, Gallimard, « Folio Essais », 1954, partie III, proposition 9, scolie, p. 191.

3. *Ibid.*, partie III, proposition 6 : « Chaque chose, selon sa puissance d'être, s'efforce de persévérer dans son être. », p. 189.

4. Lire sur ce point : René Girard, *Géométries du désir*, Paris, L'Herne, 2011.

5. Descartes, *Les Passions de l'âme*, Paris, Flammarion, 1996, p. 117.

6. *Ibid.*, p. 117.

7. Spinoza, *Éthique*, *op. cit.*, article 182, p. 212.

8. *Ibid.*

9. *Ibid.*, partie IV, proposition 45, corollaire 1, p. 310.

10. *Ibid.*, autre démonstration de la proposition 51, p. 316.

11. *Ibid.*, partie III, proposition 32, scolie, p. 212.

12. Paul Auster, *L'Invention de la solitude*, *op. cit.*, p. 87.

13. *Ibid.*

14. Cf. Helmut Schoek, *L'Envie. Une histoire du mal*, Paris, Les Belles Lettres, 2019.

15. Michael Walzer, *Raison et Passion. Pour une critique du libéralisme*, Paris, Circé, 2003, p. 89. Cité par Florent Guénard dans « L'égalité ou l'envie. Les passions dans la politique selon Walzer », *Cahiers philosophiques* (2008/3), n° 115.

16. Cf. Jean-Pierre Dupuy, *Libéralisme et justice sociale*, réédition, Paris, Hachette, 2009.

17. Je renvoie sur ce point à mon livre *La Solidarité des*

éprouvés. Pour une histoire politique de la pauvreté, Paris, Payot, 2022.

Chapitre V. La jalousie

1. Emmanuel Kant, *Doctrine de la vertu. Métaphysique des mœurs*, Paris, Vrin, 1996, § 36, p. 136.

2. Descartes, *Les Passions de l'âme*, *op. cit.*, partie III, article 167, p. 204.

3. *Ibid.*, article 168, p. 205.

4. *Ibid.*

5. Spinoza, *Éthique*, *op. cit.*, partie III, proposition 35, scolie, p. 214.

6. Cf. Judith Butler, *La Vie psychique du pouvoir. L'assujettissement en théories*, Paris, Amsterdam, 2022.

7. Lire sur ce point Tristan Dagron, *Le Soi subjugué. Servitude volontaire et cliniques de l'aliénation*, Paris, Vrin, 2022.

8. Spinoza, *Éthique*, *op. cit.*, p. 215.

9. Descartes, *Les Passions de l'âme*, *op. cit.*, article 169, p. 205.

10. Stéphane Haber, *Penser le néocapitalisme. Vie, capital et aliénation*, Paris, Prairies ordinaires, 2013.

11. Jean-Paul Sartre, *L'Être et le néant*, Paris, Gallimard, 1943, p. 406.

12. *Ibid.*

13. *Ibid.*

14. Je me réfère à la tradition de pensée ouverte par l'ouvrage de Lukács de 1923, *Histoire et conscience de classe*,

telle qu'elle est réactualisée par Axel Honneth dans *La Réification. Petit traité de théorie critique*, Paris, Gallimard, 2007.

15. Cf. Étienne Balibar, *La Proposition de l'égaliberté. Essais politiques 1989-2009*, Paris, PUF, 2010.

Chapitre VI. La peur

1. Nietzsche, *Le Gai Savoir*, livre V, § 375, Paris, Gallimard, « Bibliothèque de la Pléiade », 2019, vol. II, p. 1175.

2. Descartes, *Les Passions de l'âme*, *op. cit.*, article 174, p. 208.

3. Spinoza, *Éthique*, *op. cit.*, partie III, définition 39, p. 256-257.

4. *Ibid.*, partie III, proposition 39, scolie, p. 219.

5. Je reprends ici le raisonnement de Freud dans les *Trois essais sur la théorie sexuelle* lorsqu'il souligne que la pulsion sexuelle est soudée à son objet et qu'elle peut donc aller vers une variété infinie d'objets, contrairement à l'instinct qui est naturellement attaché à son objet.

6. Nietzsche, *Le Gai Savoir*, *op. cit.*, p. 924.

7. *Ibid.*, livre V, § 382, p. 1182.

8. Léon Poliakov, *La Causalité diabolique. Essai sur l'origine des persécutions*, Paris, Calmann-Lévy, 1980, cité par Ygaël Attali, « Martha C. Nussbaum, *Les religions face à l'intolérance. Vaincre la politique de la peur* », lecture mise en ligne le 28 octobre 2013, URL : http://journals.openedition.org/lectures/12530 ; DOI : https://doi.org/10.4000/lectures.12530.

9. Cf. Martha C. Nussbaum, *The Monarchy of Fear. A Philosopher Looks at our Political Crisis*, New York, Simon et Schuster, 2018.

10. Martha Nussbaum, *Les Émotions démocratiques. Comment former le citoyen du XXIe siècle ?*, Paris, Climats, 2011, p. 29.

11. *Ibid.*, p. 95-96.

12. Antoine Garapon et Michel Rosenfeld, *Démocraties sous stress. Les défis du terrorisme global*, Paris, PUF, 2016.

Chapitre VII. La haine

1. Louis Dumont, *Essais sur l'individualisme*, Paris, Seuil, 1983, p. 69. Cité par Robert Castel, *Les Métamorphoses de la question sociale. Une chronique du salariat*, Paris, Fayard, 1995, p. 751.

2. *Ibid.*, p. 753.

3. *Ibid.*, p. 21-22.

4. Vladimir Jankélévitch, *Traité des vertus*, tome I, *Le sérieux de l'intention*, Paris, Flammarion, 1993.

5. Carolin Emcke, *Contre la haine. Plaidoyer pour l'impur*, Paris, Seuil, 2016, p. 11.

6. Je renvoie sur ce point à mon livre, *Dedans, dehors. La condition d'étranger*, Paris, Seuil, 2010, et au commentaire que je consacre aux analyses de Derrida sur l'hospitalité comme accueil tolérant de ses propres hôtes.

7. Spinoza, *Éthique*, *op. cit.*, partie IV, proposition 45, p. 310.

8. Hélène L'Heuillet, *Tu haïras ton prochain comme toi-même*, Paris, Albin Michel, 2017, p. 121.

9. Carolin Emcke, *Contre la haine*, *op. cit.*, p. 12.

10. Bernard-Marie Koltès, *Dans la solitude des champs de coton*, Paris, Minuit, 1986, p. 55.

11. Carolin Emcke, *Contre la haine*, *op. cit.*, p. 16.

12. *Ibid.*, p. 77.

13. Sur cette critique de l'original de la norme, je renvoie au raisonnement de Judith Butler dans *Trouble dans le genre*. Elle a particulièrement bien montré que ce sont les conduites hétérosexuelles répétées qui produisent la norme de l'hétérosexualité et non l'inverse.

14. Carolin Emcke, *Contre la haine*, *op. cit.*, p. 65.

15. *Ibid.*, p. 66.

16. Judith Butler, *Frames of War. When Is Life Grievable?*, Londres, New York, Verso Books, 2010, p. 11.

17. Carolin Emcke, *Contre la haine*, *op. cit.*, p. 103-104.

18. *Ibid.*, p. 104.

19. *Ibid.*, p. 103.

20. Spinoza, *Éthique*, *op. cit.*, partie IV, proposition 46, démonstration, p. 312.

21. *Ibid.*, partie III, proposition 36, p. 256.

22. *Ibid.*, partie III, proposition 39, p. 217.

23. *Ibid.*, partie III, proposition 23, p. 203.

24. Cf. Judith Butler, *Trouble dans le genre* [1990], Paris, Amsterdam, 2005.

Chapitre VIII. Le ressentiment

1. Dostoïevski, *Notes d'un souterrain*, Paris, Flammarion, « GF », 1992, p. 52.

2. *Ibid.*, p. 47.

3. *Ibid.*, p. 79.

4. Dostoïevski, *Notes d'un souterrain*, cité par Michèle Cohen-Halimi, « L'application du livre », *Lignes* 2012/2, n° 38, p. 252-264.

5. *Ibid.*, p. 176-177.

6. Nietzsche, *Œuvres III, La Généalogie de la morale*, Paris, Gallimard, « Bibliothèque de la Pléiade », 2023, p. 522-523.

7. *Ibid.*, p. 523.

8. *Ibid.*, p. 521.

9. Lire sur ce point Michèle Cohen-Halimi, « L'application du livre », art. cit.

10. Nietzsche, *La Généalogie de la morale*, *op. cit.*, p. 533.

11. *Ibid.*

12. *Ibid.*, p. 522.

13. *Ibid.*, p. 523.

14. Cynthia Fleury, *Ci-gît l'amer*, Paris, Gallimard, 2020, p. 22.

15. Concernant la détestation des personnes éprouvées mais perçues comme plus privilégiées que soi, lire Pierre Rosanvallon, *Les Épreuves de la vie. Comprendre autrement les Français*, Paris, Seuil, 2021.

16. Cynthia Fleury, *Ci-gît l'amer*, *op. cit.*, p. 24.

17. *Ibid.*, p. 57.

18. Je renvoie sur ce point à mon article « Retour d'Argentine », *Esprit*, juillet 2024.

19. Antonio Scurati, *La Politique de la peur. Manifeste contre le populisme et pour la démocratie*, Paris, Les Arènes, 2024, p. 8.

20. Cynthia Fleury, *Ci-gît l'amer*, *op. cit.*, p. 50.

21. Spinoza, *Éthique*, *op. cit.*, partie IV, proposition 69, démonstration, p. 333.

22. Cynthia Fleury, *Ci-gît l'amer*, *op. cit.*, p. 81.

23. Gilles Deleuze, *Nietzsche et la philosophie*, Paris, PUF, 1991, p. 134.

Conclusion. Résister à la post-mélancolie

1. André-Jean Voelke, *La Philosophie comme thérapie de l'âme*, Paris, Cerf, 1993.

2. Platon, *Phédon*, Paris, GF, 1991, 83 a.

3. *Ibid.*, 67c.

4. Platon, *Alcibiade*, GF, 1999, 129e-130a.

5. Aristote, *Éthique à Nicomaque*, Paris, GF, 2004, livre X, chapitre VII, 1177b26-1178 a5.

6. Nietzsche, *Œuvres III*, *Le Crépuscule des idoles*, *op. cit.*, p. 704.

7. Sartre, *L'Être et le Néant*, Paris, Gallimard, 1943, p. 109-115.

8. *Ibid.*, p. 524.

9. Sartre, *L'existentialisme est un humanisme*, Paris, Nagel, 1946, p. 24.

10. Sartre, « Sur une idée fondamentale de la phénoménologie de Husserl : l'intentionnalité », in *Situations 1*, Paris, Gallimard, 1947, p. 32.

11. *Ibid.*, p. 31.

12. Spinoza, *Éthique*, *op. cit.*, partie III, p. 243.

13. Pierre Bourdieu, *Esquisse pour une auto-analyse*, Paris, Raisons d'agir, 2004, p. 15.

14. Félix Guattari, *Les Trois Écologies*, Paris, Lignes, 2024, p. 20.

15. Michel Foucault, « Qu'est-ce que les Lumières ? », in *Dits et écrits*, tome II, Paris, Gallimard, 1994, p. 1506.

16. Michel Foucault, *Surveiller et punir. Naissance de la prison*, Paris, Gallimard, 1975, p. 360.

Remerciements

Au terme de ce livre je souhaite renouveler mes remerciements les plus vifs à mon éditeur et ami Gérard de Cortanze, qui a une seconde fois accueilli avec enthousiasme mon projet et en a rendu possible l'existence.

Je voudrais exprimer également mon immense gratitude à Francesca Belviso pour les discussions constantes sur le livre, ainsi que son travail minutieux et impitoyable de relecture. Il lui doit beaucoup.

J'adresse une pensée émue à mes filles Aliénor et Apolline, ainsi qu'à toute ma famille.

Table

DU MÊME AUTEUR

Gens de Berlin, La Table Ronde, 1994.

Canguilhem et les normes, PUF, « Philosophies », 1998.

Lisbonne au cœur, Éditions du Laquet, 2000.

La Vie humaine, PUF, « Pratiques théoriques », 2002.

Sans domicile fixe, Éditions du Passant, 2004.

Les Maladies de l'homme normal, Éditions du Passant, 2004, rééd. Vrin, 2007.

L'Esprit des sciences humaines, Vrin, 2005.

La Pensée Foucault, Ellipses, 2006.

Vies ordinaires, vies précaires, Seuil, 2007.

Gagner sa vie, est-ce la perdre ?, Gallimard jeunesse, 2008.

L'Invisibilité sociale, PUF, 2009.

Canguilhem et la vie humaine, PUF, 2010.

Dedans, dehors. La condition d'étranger, Seuil, « La Couleur des idées », 2010.

Que faire de notre vulnérabilité ?, Bayard, 2011.

À la recherche de son âme, Gallimard jeunesse, 2011.

Courir : Méditations physiques, Flammarion, 2012.

L'Insurrection des vies minuscules, Bayard, 2013.

La Philosophie comme contre-culture, PUF, 2014.

La Femme aux chats, Seuil, 2014.

La Fin de l'hospitalité, avec Fabienne Brugère, Flammarion, 2017.

Vaincre nos peurs et tendre la main. Mobilisons-nous pour les exclus, Flammarion, 2018.

Le Peuple des femmes. Un tour du monde féministe, avec Fabienne Brugère, Flammarion, 2022.

La Solidarité des éprouvés. Pour une histoire politique de la pauvreté, Payot, 2022.

Oser pleurer, Albin Michel, 2024.

Retrouvez toute l'actualité des éditions Albin Michel
sur notre site albin-michel.fr
et suivez-nous sur les réseaux sociaux.
Instagram : editionsalbinmichel
Facebook : Éditions Albin Michel
Twitter : AlbinMichel

Composition : IGS-CP
Impression : CPI Bussière
Éditions Albin Michel
22, rue Huyghens, 75014 Paris
www.albin-michel.fr
ISBN : 978-2-226-49893-9
N° d'édition : 26174/01 – N° d'impression : 2082658
Dépôt légal : mars 2025
Imprimé en France